Recipes from Normandy

Les recettes de ma grand-mère

17, avenue Théophile-Gautier, 75016 Paris
EAN : 978-2-86253-473-2

Anne Prével

English translation : Alex Bramble

Recipes from Normandy

Les recettes de ma grand-mère

Christine Bonneton

Foreword

I have watched my grandmother, my mother, and my aunts cook in their kitchen since I was born.

I have learnt their expertise and their secrets directly from them. In this cookbook you will find many of my family recipes, translated and adapted slightly to be feasible outside their country of origin.

In France we work in grams, kilos and litres, but in our recipes we also use a lot of approximate measurements like a handful, a spoonful, a glass or a few. I have adapted these quantities to English equivalents as much as possible.

My publisher and I have decided to put the original French recipes on the left hand page, so, if you live in France or are planning to stay here for a while you will be able to understand the French list of ingredients, the quantities, and the particular cuts of meat you should buy and use.

The quantities cited in each recipe will make a portion for 6 people, unless otherwise stated.

Entrées et légumes
Starters and vegetables

Coquilles saint-jacques à ma façon

Pour 1 coquille :
- 4 à 5 noix
- ½ cuil. à café d'échalotes finement hachées
- 1 noisette de beurre
- sel, poivre, persil

Dans la coquille beurrée, mettez noix et corail, échalotes, beurre, sel, poivre. Passez 5 minutes à four très très chaud. Saupoudrez de persil haché au moment de servir.

Coquilles saint-jacques en gratin

- 12 coquilles saint-jacques
- 150 g de beurre
- 250 g de champignons frais
- 3 oignons moyens
- chapelure
- calvados
- sel, poivre, persil

Faites ouvrir les coquilles, retirez-en la noix et le corail qu'il faut laver soigneusement. Lavez également 6 coquilles creuses. Dans chaque coquille, mettez un morceau de beurre, de l'oignon et des champignons coupés finement, puis le corail et la noix en dés de 2 coquilles, sel, poivre, persil, enfin 1 cuil. à café de calvados.

Saupoudrez le tout de chapelure et enfournez à four modéré pour une demi-heure environ.

My own Scallops

illing for 1 shell:
4 or 5 Scallops
½ teaspoon (tsp)
nely chopped
iallots
a knob of butter
parsley
salt and pepper

Add the scallops, coral, shallots, butter, salt, and pepper to the buttered shell. Bake for 5 minutes in a very hot oven. Just before serving sprinkle over the chopped parsley.

Almost au naturel

Scallops au gratin

12 Scallops
150g butter
250g fresh
ushrooms
3 medium-sized
ions
breadcrumbs
calvados
salt, pepper,
arsley

Open the shells and remove the scallops and the coral which must be washed thoroughly, along with 6 of the empty shells. To each shell add a little butter, some finely sliced onion and mushroom, and then the coral and the scallops from two shells, salt, pepper, parsley, and finally 1 teaspoon of calvados.

Sprinkle with breadcrumbs and bake in the oven for about half an hour on a medium setting.

Crevettes chaudes

Pour 1 kg de crevettes :
- 1 l de cidre
- 1 poignée de sel
- quelques grains de poivre

Faites bouillir le cidre, ajoutez sel et poivre noir. Quand le liquide bout, jetez-y les crevettes, laissez cuire juste 5 minutes, au-delà elles perdraient leur goût. Egouttez les crevettes, dégustez-les brûlantes avec de grandes tranches de pain largement beurré.

Pain de saumon

- 1 kg de chair de saumon cuite
- 4 pommes de terre
- 60 g de beurre
- 1 verre de vin blanc
- 1 verre à liqueur de calvados
- 2 échalotes
- fines herbes
- ciboule
- persil
- estragon
- sel, poivre

Epluchez les pommes de terre, faites-les cuire à la vapeur. Passez-les à la moulinette et battez en purée avec le beurre. Ajoutez alors les fines herbes ciselées, les échalotes hachées que vous aurez fait fondre à part dans une noisette de beurre et le saumon effeuillé.

Mouillez avec le vin blanc et le calvados, salez, poivrez, vérifiez l'assaisonnement. Versez la préparation dans un moule à cake généreusement beurré et mettez le tout au réfrigérateur pour 24 heures. Servez avec une mayonnaise très relevée.

Warm prawns

For 1kg of prawns:
- 1 litre cider
- a handful of salt
- a few peppercorns

Heat the cider and add the salt and black pepper. When the liquid is boiling add the prawns and leave to cook for no more than 5 minutes, otherwise the prawns will lose their flavour. Drain the prawns and enjoy them piping hot with thick slices of generously buttered bread.

Salmon bread

- 1kg cooked salmon
- 4 potatoes
- 60g butter
- 1 glass of white wine
- 1 measure of calvados
- 2 shallots
- fines herbes
- chives
- parsley
- tarragon
- salt and pepper

Peel the potatoes and steam them. Put them through a vegetable mill and mash them with the butter. Chop the shallots and caramelise in a knob of butter. In the meantime, break up the salmon flesh with a fork. Add them to the pot along with the finely chopped herbs and the salmon.

Moisten the mixture with the white wine and the calvados and season to taste. Pour the mixture into a generously buttered loaf tin and leave in the fridge for 24 hours.

Serve with a highly-seasoned mayonnaise.

Harengs frais

- 6 harengs frais
- 1 citron

Pour le court-bouillon :
- ½ l de cidre sec
- 1 verre de vinaigre de cidre
- 1 carotte
- 1 oignon piqué de 2 clous de girofle
- bouquet garni
- sel, poivre

Préparez le court-bouillon 1 heure à l'avance, pour qu'il ait le temps de refroidir : mettez tous les ingrédients dans une casserole et portez à ébullition, couvrez et laissez frémir une demi-heure.
Plongez les poissons dans le court-bouillon froid, faites pocher à feu doux, sans ébullition, une quinzaine de minutes. Parfumez de quelques rondelles de citron. Laissez refroidir et servez très frais.

Œufs et laitances, s'il y en a, pourront être dégustés à part, poêlés au beurre avec un filet de vinaigre.

Mousse de harengs

- 200 g de filets de harengs doux
- 3 pommes reinette
- 1 oignon,
- du pain rassis
- 1 cuil. à soupe de vinaigre
- 6 cuil. à soupe de crème fraîche
- poivre

Passez ensemble à la moulinette les filets de harengs, l'oignon et les pommes. Terminez par un peu de pain rassis que vous aurez fait gonfler dans l'eau et dont vous aurez exprimé tout le liquide. Incorporez vinaigre et crème fraîche, poivrez généreusement. Servez frais, avec des tranches de pain de campagne grillées.

Fresh herrings

- 6 fresh herrings
- 1 lemon

For the court-bouillon:
- 500ml of dry cider
- 1 glass of cider vinegar
- 1 carrot
- 1 onion garnished with 2 cloves
- a bouquet garni
- salt and pepper

Prepare the court-bouillon an hour beforehand so it has time to cool down. Put all the ingredients in a saucepan and bring to the boil, cover and leave to simmer for half an hour.
Add the fish to the chilled court-bouillon and poach them over a gentle heat for about 15 minutes, without bringing the mixture to the boil. Flavour the fish with a few slices of lemon. Leave to cool and serve chilled.

If you have them, you can enjoy herring eggs and soft roe separately, fried in a little butter with a drop of vinegar.

Herring mousse

- 200g unsalted herring fillets
- 3 apples
- 1 onion
- stale bread
- 1tbsp vinegar
- 6tbsp crème fraîche
- pepper

Put the herring, the apples, and the onion through a vegetable mill. Then add a little stale bread that has been left to expand in water (make sure all the water has been squeezed out). Mix in the vinegar and the crème fraîche, and season generously with pepper. Serve chilled with grilled slices of farm-house loaf.

Demoiselles de Cherbourg à la nage

- 6 petits homards
- 1 carotte
- 1 oignon
- ½ l de vin blanc
- ½ l d'eau
- 1 noix de beurre
- persil
- 1 pointe de cayenne
- laurier
- thym
- sel, poivre

Pour la vinaigrette :
- 1 cuil. à café de moutarde
- 2 cuil. à soupe de vinaigre
- 6 cuil. à soupe d'huile d'olive
- fines herbes hachées menu : persil, cerfeuil, estragon, ciboulette
- sel, poivre

Préparez un court-bouillon avec carotte en rondelles, oignon émincé, vin blanc, eau, sel, poivre en grains, bouquet garni et une pointe de cayenne. Laissez cuire une demi-heure. Jetez-y les homards pour 10 à 15 minutes de cuisson.

Servez les demoiselles avec le court-bouillon que vous aurez fait réduire à feu vif et auquel vous aurez ajouté une bonne noix de beurre frais ou avec une vinaigrette pour crustacés et coquillages.

Pour confectionner cette vinaigrette, mélangez, dans un bol, sel, poivre, moutarde et vinaigre, puis incorporez l'huile en filet. Parfumez de fines herbes.

Vous pouvez faire chauffer légèrement cette sauce au bain-marie et la servir tiède.

Cette vinaigrette est l'accompagnement le plus simple pour des crustacés juste cuits à la nage : demoiselles de Cherbourg mais aussi langoustines ou coquillages frais pêchés, moules, coques...

Demoiselles de Cherbourg in a court-bouillon

- 6 small lobsters
- 1 carrot
- 1 onion
- 500ml white wine
- 500ml water
- a knob of butter
- parsley
- 1 Cayenne pepper
- a bay leaf
- thyme
- salt and pepper

For the vinaigrette:
- 1tsp mustard
- 2tbsp vinegar
- 6tbsp olive oil
- very finely chopped fines herbes: parsley, chervil, tarragon, chive
- salt and pepper

Prepare a court-bouillon with carrot rounds, finely sliced onion, white wine, water, salt, peppercorns, a bouquet garni, and a cayenne pepper. Leave to cook for half an hour, then add the lobsters and cook for 10 to 15 minutes.

Serve the demoiselles either with the court-bouillon or with a vinaigrette for shellfish. For the court-bouillon, reduce it over a high heat, and add a knob of chilled butter.

To make a vinaigrette mix the salt, pepper, mustard, and vinegar in a bowl and blend in the olive oil drop by drop. Season with the fines herbes.

This sauce can be served tepid by gently heating it in a bain-marie.

This vinaigrette is the simplest accompaniment for shellfish cooked in a court-bouillon, either demoiselles de Cherbourg or langoustines, as well as freshly caught shellfish, mussels, and cockles.

Huîtres chaudes à la crème

- 30 huîtres
- 30 g de beurre
- 1 échalote
- 6 brins de persil
- 1 cuil. à soupe de farine
- 1 verre de vin blanc sec
- 10 cl de crème fraîche

Ouvrez les huîtres, sortez-les de leurs coquilles, ébouillantez-les 2 minutes dans leur eau. Réservez un peu de cette eau.

Dans le beurre, faites revenir l'échalote, saupoudrez de farine, mouillez avec le vin blanc et un peu de l'eau des huîtres, ½ verre environ. La sauce doit cuire longuement à feu très doux et prendre une consistance onctueuse. Salez légèrement, poivrez, ajoutez le persil haché, la crème fraîche.

Dans de grands ramequins, mettez les huîtres, 5 par ramequin, nappez-les de sauce. Passez quelques instants sous le gril avant de servir.

Warm oysters à la crème

- 30 oysters
- 30g butter
- 1 shallot
- 6 sprigs parsley
- 1tbsp flour
- 1 glass of dry white wine
- 100ml crème fraîche

Open the oysters, remove them from their shells and blanch them in their juice for 2 minutes. Set some of the juice aside.

Fry the shallot in the butter, sprinkle over the flour and moisten with the white wine and about half a glass of the liquid from the oysters. The sauce should cook for a long time over a very gentle heat and thicken to a creamy consistency. Season with pepper and a little salt; add the chopped parsley and the crème fraîche.

Take several big ramekins and put 5 oysters in each one and top them with the sauce. Place under the grill for a few seconds before serving.

Œufs farcis à la fécampoise

- 12 œufs
- 150 g de crevettes
- 150 g de champignons
- ½ citron
- 40 g de beurre
- 40 g de farine
- 1 cuil. à soupe de calvados
- 2 cuil. à soupe de fines herbes hachées (persil, estragon)
- sel, poivre

Faites durcir les œufs, écalez-les, coupez-les en deux.

Dans une eau citronnée, avec un peu de beurre, mettez les champignons à cuire une dizaine de minutes. Réservez l'eau de cuisson.

Préparez les crevettes, décortiquez les queues. Jetez têtes et carapaces dans l'eau de cuisson des champignons, faites cuire 10 minutes. Passez le bouillon de cuisson au chinois en pressant bien les carapaces avec une spatule de bois. Vous utiliserez le liquide obtenu pour mouiller la sauce que vous ferez avec le beurre et la farine. Salez, poivrez.

Hachez les champignons et les crevettes, pilez avec les jaunes d'œuf. Ajoutez les fines herbes ciselées et remplissez de cette farce les moitiés d'œufs durs.

Rangez- les dans un plat allant au four, nappez-les de la sauce blanche que vous aurez parfumée d'un peu de calvados.

Enfournez à four doux pour une dizaine de minutes.

Stuffed eggs à la fécampoise

- 12 eggs
- 150g prawns
- 150g mushrooms
- ½ a lemon
- 40g butter
- 40g flour
- 1tbsp calvados
- 2tbsp chopped fines herbes (parsley, tarragon)
- salt and pepper

Hard boil the eggs, peel them and cut them in half.

Mix the lemon juice, butter, and some water and cook the mushrooms in the mixture for about 10 minutes. After cooking, set aside the liquid.

Shell the prawns, add the heads and the shells to the mushroom broth and cook for 10 minutes.

Use the resulting liquid to make a sauce with the flour, salt, pepper, a splash of calvados and the remaining butter. Chop the mushrooms and the prawns and fold into the egg yolks. Add the finely chopped herbs and stuff the halved boiled eggs with the mixture. Place them in an oven-proof dish, top with the white sauce.

Bake in the oven on a low heat for about 10 minutes.

Homards à la crème

- 2 beaux homards
- 1 l de moules de bouchot
- 4 échalotes
- 2 gousses d'ail
- 3 branches de persil
- 1 verre à liqueur de calvados
- ½ l de vin blanc
- 1 l de cidre
- 50 cl de crème fraîche
- 1 cuil. à soupe de beurre
- 1 cuil. à soupe d'huile
- bouquet garni
- sel, poivre

Préparation : longue
Cuisson : compliquée
Résultat : grandiose !

Découpez les homards vivants : le coffre en deux dans le sens de la longueur, retirez la poche à gravier, réservez la matière molle qui donnera tout son goût à la sauce. Coupez la queue en tronçons réguliers, les pinces. Dans un faitout, faites frémir ½ litre de cidre, ¼ de litre de vin blanc. Jetez-y les moules soigneusement grattées et lavées. Répartissez dessus un hachis d'ail, d'échalotes et de persil, poivrez généreusement. Couvrez, laissez cuire à feu vif en secouant souvent. Sortez les moules, réservez le jus de cuisson, après l'avoir passé au chinois. Dans le beurre et l'huile bien chauds, faites rougir les morceaux de homard 10 minutes environ. Flambez au calvados. Recouvrez vos morceaux de homard avec le cidre et le vin restants, ajoutez le jus de cuisson des moules, un bouquet garni. Laissez mijoter à feu moyen quelques minutes pour réduire le mélange de deux tiers. Incorporez la crème que vous aurez battue avec la matière molle, faites réchauffer les moules. Dressez sur le plat de service les homards reconstitués, nappés de sauce et entourés de moules dans leurs coquilles.

Lobsters à la crème

- 2 choice lobsters
- 1 litre of mussels (cultivated on a mussel bed)
- 4 shallots
- 2 cloves of garlic
- 3 sprigs of parsley
- 1 measure of calvados
- 500ml white wine
- 1 litre cider
- 500ml crème fraîche
- 1tbsp butter
- 1tbsp oil
- a bouquet garni
- salt and pepper

Lengthy and complex to prepare but the result is magnificent!

Chop up the live lobsters: cut the chest in half lengthways, remove the all the gritty substance near the head and set aside the soft tissue to flavour the sauce. Cut the tail and the pincers into even parts. In a pot, simmer ½ a litre of cider and ¼ a litre of white wine. Thoroughly wash and scrub the mussels and add them to the cider and wine and top with chopped garlic, shallots, and parsley and a generous amount of pepper. Cover and leave to cook on a high heat, stirring regularly. Remove the mussels, strain the cooking juice and set aside. Heat a mixture of butter and oil and cook the lobster pieces in it for about 10 minutes then flambé with the calvados. Cover the pieces of lobster with the remaining cider and wine and add the cooking juice from the mussels and a bouquet garni. Leave to simmer over a medium heat for a few minutes to reduce the mixture by two thirds. Mix the cream with the soft lobster tissue and fold the mix into the reduction. Reheat the mussels. Arrange the lobster pieces in a serving dish, top with the sauce and surround with the mussels (leaving them in their shells).

Pâté de lapin

- 1 gros lapin
- 800 g de porc : poitrine et gorge
- 1 oignon
- 5 échalotes
- 2 cuil. à soupe de calvados
- bardes fines pour la terrine
- bouquet garni
- 20 g de sel
- poivre

Désossez le lapin avec un petit couteau très pointu et bien aiguisé. Passez la chair du lapin et les viandes de porc au hachoir grosse grille. Incorporez aux viandes 20 g de sel, 1 oignon haché menu et le calvados. Poivrez. Mélangez le tout intimement. Tapissez le fond et les côtés de la terrine avec les bardes, remplissez-la en tassant bien. Mettez sur le dessus échalotes et bouquet garni. Recouvrez avec une barde de lard et refermez la terrine. Faites cuire à four moyen une bonne heure.

Tarte à la ciboulette

- 350 g de pâte brisée
- 3 œufs
- 20 cl de crème fraîche
- 1 gros bouquet de ciboulette
- sel, poivre

Garnissez votre moule à tarte avec la pâte et laissez reposer quelques minutes.

Pendant ce temps, battez les œufs avec la crème fraîche, salez, poivrez. Hachez menu la ciboulette, incorporez-la au mélange œufs-crème. Versez sur le fond de tarte. Enfournez à four chaud 30 minutes.

Rabbit pâté

- 1 plump rabbit
- 800g pork : belly and throat
- 1 onion (finely chopped)
- 5 shallots
- 2tbsps calvados
- thin slices of lard
- a bouquet garni
- 20g salt
- pepper

Remove the bones from the rabbit with a very sharp small knife. Pass the rabbit flesh and the pork meat through a meat-mincer. Add 20g salt, pepper, the onion and the calvados to the meat, and mix together well. Line the base and the sides of the terrine with the slices of lard and fill it up, packing the mixture down well.

Place the shallots and the bouquet garni on top, topped with a slice of lard and close the terrine. Bake on a medium setting for a little more than an hour.

Chive tart

- 350g shortcrust pastry
- 3 eggs
- 200ml crème fraîche
- 1 large bunch of chives
- salt and pepper

Line the flan dish with the pastry and leave it to rest for a few minutes.

In the meantime, beat the eggs with the crême fraîche and the salt and pepper. Finely chop the chives and incorporate them into the mixture then pour over the pastry. Bake in a hot oven for half an hour.

Rougets glacés à la crème

- 6 rougets vidés, lavés et essuyés
- 3 tomates
- 3 échalotes
- 1 verre de vin blanc
- 10 cl de crème fraîche
- persil
- paprika
- sel, poivre

Dans un plat en terre beurré, disposez, sur un lit d'échalotes hachées, de chair de tomate concassée et de persil, les rougets. Salez, poivrez, mettez une pointe de paprika. Mouillez de vin blanc. Couvrez et enfournez à four moyen 15 minutes. Dressez les poissons sur un plat de service. Faites réduire la cuisson, liez-la avec la crème et nappez-en les rougets. Mettez au frais.

Soufflé à la bisque de homard

- 500 g de bisque de homard préparée
- 6 œufs
- 1 cuil. à soupe bombée de maïzena
- 2 cuil. à soupe de crème fraîche
- 200 g de gruyère râpé

Faites dissoudre la maïzena dans un peu de bisque. Ajoutez la crème fraîche, le reste de bisque. Incorporez les jaunes d'œuf, le gruyère, puis, très délicatement, les blancs battus en neige très ferme.
Versez le mélange dans un moule haut beurré et fariné. Faites cuire 20 minutes à four très chaud.

Chilled mullet à la crème

- 6 mullet
- 3 tomatoes
- 3 shallots
- 1 glass of white wine
- 100ml crème fraîche
- parsley
- paprika
- salt and pepper

Gut, wash and dry the mullet. Butter a clay dish and layer the bottom with the chopped shallots, the crushed tomato flesh, the parsley, and finally the mullet. Season and add a pinch of paprika. Moisten with the white wine, cover and bake on a medium setting for 15 minutes. Arrange the fish in a serving dish. Reduce the broth, fold in the cream and pour over the mullet. Refrigerate.

Soufflé with lobster bisque

- 500g of pre-prepared lobster bisque
- 6 eggs
- 1tbsp (heaped) cornflour
- 2tbsp crème fraîche
- 200g grated Gruyère

Dissolve the cornflour in a little bisque; add the crême fraîche and then the remaining bisque. Fold in the egg yolks, the Gruyère, and finally, very carefully, the stiffly whisked egg whites. Pour the mixture into a buttered and floured deep tin. Cook for 20 minutes in a very hot oven.

Quiche aux fruits de mer

- 400 g de pâte brisée
- 150 g de crevettes
- 1 douzaine d'huîtres
- 2 l de moules de bouchot
- 1 verre de vin blanc
- 2 échalotes
- 1 noix de beurre
- 3 œufs
- 25 cl de crème fraîche
- lait
- muscade
- persil
- sel, poivre

Préparez les crevettes, décortiquez-les, réservez les queues. Dans un faitout, faites revenir les échalotes émincées finement dans du beurre, mouillez avec le vin blanc, ajoutez sel et poivre. Faites ouvrir les moules en secouant souvent le faitout. Sortez les moules de leurs coquilles et réservez-les. Dans une petite casserole, mettez le jus de cuisson passé à réduire à feu vif. Ouvrez les huîtres, pochez-les 1 minute sans bouillir.

Foncez votre moule à tarte beurré et fariné avec la pâte brisée, mettez à cuire 10 minutes à four chaud. Dans le fond de la tarte, mettez les queues de crevettes, les moules et les huîtres. Versez dessus l'appareil que vous aurez préparé avec les œufs, la crème, la réduction du jus de cuisson des moules, sel, poivre, persil haché et une pincée de muscade. Ajoutez du lait si besoin est.

Enfournez à four chaud pour 30 minutes. Servez immédiatement. Accompagnez, si vous aimez, d'une salade croquante, frisée par exemple.

Seafood quiche

- 400g shortcrust pastry
- 150g prawns
- a dozen oysters
- 2 litres mussels (cultivated on a mussel bed)
- 1 glass of white wine
- 2 shallots
- a knob of butter
- 3 eggs
- 250ml crème fraîche
- milk
- nutmeg
- parsley
- salt and pepper

Shell the prawns and set the tails aside. In a pot brown the finely chopped shallots in butter then moisten with the white wine and season. Add the mussels to the pot and leave to open. Remove the mussels from their shells and put them to one side. In a small saucepan add the liquid from the cooking thus far and reduce it over a high heat. Open the oysters and poach them for a minute without bringing to the boil.

Butter and flour the flan dish, line it with the shortcrust pastry and cook in a hot oven for 10 minutes. Spread the prawn tails, the mussels, and the oysters over the pastry. Mix the eggs, the crême fraîche, the reduced liquid from the mussels, salt, pepper, chopped parsley, and a pinch of nutmeg and pour the mixture over the flan dish. Add milk if necessary.

Bake in a hot oven for half an hour and serve immediately. Would go well with a crunchy salad.

Rillettes de lapin

- 2 lapins de garenne
- 500 g de panne de porc ou de lard gras
- 4 clous de girofle
- muscade
- laurier, thym
- persil haché très fin
- sel, poivre

Dans une très grande cocotte, mettez les lapins coupés en morceaux, le lard, 2 verres d'eau ou de bouillon, sel, poivre, clous de girofle, muscade, laurier et thym. Laissez mijoter à feu très doux 3 heures. Désossez soigneusement, Mélangez bien et remettez sur le feu encore 1 heure. Ajouter le persil et mettez en pots.

Pour une longue conservation, recouvrez les rillettes froides de saindoux.

Salade d'automne

- 1 scarole
- 2 belles pommes
- 1 betterave rouge
- 100 g de cerneaux de noix
- 100 g de gruyère

Pour la sauce :

- 2 cuil. à soupe de vinaigre de cidre
- 4 cuil. à soupe d'huile
- sel, poivre

Triez, lavez et égouttez la scarole. Coupez les pommes épluchées en petits dés que vous arroserez de jus de citron pour les empêcher de noircir. Détaillez la betterave en tranches, le gruyère en bâtonnets, les noix en petits morceaux Préparez la vinaigrette avec sel, poivre, vinaigre de cidre et huile, de noix si possible, sinon d'arachide. Disposez esthétiquement tous les éléments de votre salade dans un grand plat un peu creux, arrosez avec la sauce au dernier moment.

Wild rabbit rillettes

- 2 wild rabbits
- 500g pork fat or thick lard
- 4 cloves
- nutmeg
- bay leaves
- thyme
- very finely chopped parsley
- salt and pepper

In a large casserole dish mix the chunks of rabbit, the lard, 2 glasses of water or, preferably, stock, salt, pepper, the cloves, nutmeg, bay leaves, and thyme. Leave to simmer over a gentle heat for 3 hours. Carefully bone the rabbit and cook for another hour. Add the parsley and divide into pots.

To preserve over a long period of time cover the cooled rillettes with a layer of lard.

Autumn salad

- An escarole
- 2 juicy apples
- 1 beetroot
- 100g shelled walnuts
- 100g Gruyère

For the dressing:
- 2tbsp cider vinegar
- 4tbsp oil (preferably walnut oil but peanut oil will do)
- salt and pepper

Wash and drain the salad. Peel and dice the apples and cover them with lemon juice to stop them browning. Chop the beetroot into slices, the Gruyère into batons, and the nuts into small pieces.
Prepare the vinaigrette by mixing the salt, pepper, cider vinegar, and the oil.
Arrange the salad nicely in a fairly deep large dish, and dress just before serving.

Galettes de camembert

- 300 g de farine
- 1 camembert bien crémeux
- 1 œuf
- 1 jaune d'œuf
- 1 pincée de sel
- 1 pincée de muscade râpée

Préparez le camembert en le débarrassant entièrement de sa croûte. Disposez la farine en fontaine, mettez le fromage au centre, ajoutez sel, œuf, muscade râpée. Mélangez le tout à la main, en essayant de ne pas travailler trop longtemps la pâte. Laissez reposer au frais 1 heure. Etendez la pâte au rouleau sur 3 mm d'épaisseur, découpez à l'emporte-pièce des petites galettes que vous piquerez à la fourchette et dorerez au jaune d'œuf . Enfournez à four moyen pour 10 minutes.

Rillettes de saumon

- 100 g de saumon fumé
- 250 g de saumon frais
- 125 g de beurre
- 30 g d'œufs de saumon
- 2 cuil. à soupe d'huile d'olive
- sel, poivre

Faites cuire 10 minutes le saumon frais dans un court-bouillon bien relevé. Effeuillez-le, écrasez la chair à la fourchette et mélangez-la avec le beurre tiédi et l'huile. Quand le mélange est homogène, incorporez le saumon fumé découpé en très fines lanières, puis les œufs de saumon. Salez légèrement, poivrez, mettez au frais. Servez avec des tranches de pain de campagne grillé et du citron.

Camembert pancakes

- 300g flour
- 1 creamy Camembert
- 1 egg
- 1 egg yolk
- a pinch of salt
- a pinch of nutmeg

Remove the whole crust of the Camembert. Make a well with the flour with the cheese in the centre and add the egg, the salt and the nutmeg. Mix together by hand, trying not to knead the pastry for too long. Leave to rest in the fridge for an hour. Roll out the pastry with a rolling pin to a thickness of 3mm and cut into small pancake shapes using a pastry cutter. Prick the pancakes with a fork and brush with egg yolk. Bake on a medium heat for 10 minutes.

Salmon rillettes

- 100g smoked salmon (cut into very thin strips)
- 100g fresh salmon
- 125g butter
- 30g salmon eggs
- 2tbsp olive oil
- salt and pepper

Cook the fresh salmon in a well seasoned court-bouillon for 10 minutes. Skin it, crush the flesh with a fork and mix with the warmed butter and the oil. When the mixture is smooth, add the smoked salmon and the salmon eggs. Season with pepper and a little salt and chill. Serve with slices of toasted farmhouse bread and lemon.

Salade de coques

- 3 l de coques
- 1 bol de mayonnaise
- 2 cuil. à soupe de crème fraîche
- 1 cuil. à soupe de cerfeuil
- 1 cuil. à soupe de persil
- 3 œufs
- quelques feuilles de laitue
- sel, poivre

Dans un grand faitout, faites ouvrir les coques à feu vif avec 2 cuillères à soupe d'eau. Secouez bien pour qu'elles s'ouvrent toutes. Egouttez-les et réservez leur eau. Sortez-les de leurs coquilles et lavez-les longuement à l'eau courante froide pour bien les débarrasser de leur sable. C'est une opération minutieuse indispensable. Puis remettez-les à macérer dans leur jus de cuisson que vous aurez filtré, elles vont reprendre goût.

Préparez une mayonnaise bien relevée, allégez-la de crème fraîche fouettée à la fourchette. Egouttez à nouveau les coques.

Dans votre plat, disposez les feuilles de laitue, les coques mélangées à la mayonnaise, saupoudrez des fines herbes hachées fin et décorez avec les œufs durs coupés en 4.

Cockle salad

- 3 litres cockles
- 1 bowl of mayonnaise
- 2tbsp crème fraîche
- 1tbsp chervil
- 1tbsp parsley
- 3 eggs
- a few lettuce leaves
- salt and pepper

Open the cockles in a large pot over a high heat with 2 tablespoons of water. Shake well to make sure that all the cockles are open. Drain and set the water aside. Remove the cockles from their shells and wash them thoroughly under the cold tap to remove all the sand. It's a delicate but essential process. Once finished leave the cockles to soak in their filtered cooking juice to add flavour.

Prepare a well-seasoned mayonnaise and lighten with fork-whipped crême fraîche. Drain the cockles again.

Arrange the lettuce leaves in a dish and add the cockles mixed with the mayonnaise, sprinkle with finely chopped herbs and garnish with quartered hard-boiled eggs.

Omelette au boudin

- 10 œufs
- 2 boudins noirs
- 2 noix de beurre
- 1 cuil. à soupe de crème fraîche
- sel, poivre

Battez les œufs avec crème, sel et poivre. Retirez la peau des boudins, coupez-les en tranches épaisses, saisissez-les dans une poêle avec une noix de beurre et faites-les rissoler un peu.

Dans une autre poêle, faites fondre une autre noix de beurre et, quand le beurre « chante », jetez-y les œufs battus. Dès que les œufs commencent à prendre, ajoutez les morceaux de boudin. Terminez la cuisson, repliez l'omelette et glissez-la sur le plat de service.

Salade de moules à la fécampoise

- 1 l de moules
- 4 pommes de terre
- ½ céleri-rave
- 2 cuil. à café de cerfeuil
- 1 bol de mayonnaise

Lavez les moules soigneusement. Faites-les ouvrir dans un faitout à feu vif. Retirez-les de leurs coquilles. Faites cuire pommes de terre et céleri, séparément, en veillant à les garder fermes. Dressez, dans un plat un peu creux, le céleri en petits dés, les moules, les pommes de terre en tranches. Nappez de mayonnaise, saupoudrez de cerfeuil.

Black pudding omelette

- 10 eggs
- 2 black puddings
- 2 knobs of butter
- 1 tbsp crème fraîche
- salt and pepper

Beat the eggs with the crème fraîche, salt, and pepper. Remove the skin from the black puddings, cut them into thick slices, sear them in a frying pan with a knob of butter and brown them slightly. In another frying pan melt the other knob of butter and when the butter is bubbling add the beaten eggs. As soon as the eggs start to cook add the black pudding. Leave to finish cooking then fold the omelette and slide it onto a serving dish.

Mussel salad à la fécampoise

- 1 litre mussels
- 4 potatoes
- ½ a celeriac
- 2tsp chervil
- 1 bowl of mayonnaise

Wash the mussels thoroughly, open them in a pot over a high heat and remove them from their shells. Cook the potatoes and the celeriac separately, making sure they stay crunchy. In a fairly deep dish, arrange the diced celeriac, the sliced potatoes, and the mussels. Top with mayonnaise and sprinkle with chervil.

Velouté d'oseille

- 250 g d'oseille
- 4 pommes de terre
- 60 g de beurre
- 15 cl de crème fraîche
- 1 œuf
- sel, poivre

Lavez soigneusement les feuilles d'oseille, équeutez-les. Dans une grande casserole, faites fondre l'oseille avec le beurre. En quelques minutes, l'énorme masse de feuilles se transforme en une sorte de pommade. Versez dessus un litre et demi d'eau froide, ajoutez les pommes de terre coupées en morceaux, salez. Laissez cuire 30 minutes environ. Passez à la moulinette. Dans un bol, mélangez œuf et crème fraîche. Versez dessus, en remuant bien, quelques cuillerées de soupe. Jetez votre liaison dans la casserole, chauffez en tournant sans cesse, surtout, ne faites plus bouillir. Servez immédiatement.

Coques à la mode ancienne de la Manche

- coques
- pain rassis
- cives ou échalottes

Faites ouvrir les coques à la poêle à feu vif, saupoudrez-les de miettes de pain rassis, de cives ou d'échalotes finement hachées et dégustez avec de grandes tranches de pain de campagne beurrées.

Cream of sorrel soup

- 250g sorrel
- 4 potatoes (cut into pieces)
- 60g butter
- 150ml crème fraîche
- 1 egg
- salt and pepper

Wash the sorrel leaves thoroughly and remove the stalks. Melt the sorrel with the butter in a large saucepan. Within a few minutes the large mass of leaves will shrink to a kind of paste. Add 1½ litres of cold water, the potatoes, and salt. Leave to cook for about half an hour and then put the mixture through the vegetable mill.

In a bowl mix the egg and the crême fraîche. Add the mixture to the soup, return to the saucepan and heat without bringing to the boil, stirring continuously. Serve immediately.

Old fashioned Channel cockles

- cockles
- stale bread
- chives or shallots

Open the cockles in a frying pan over a high heat and sprinkle with crumbs of the stale bread and the finely chopped chives or shallots. Enjoy with thick slices of buttered farmhouse bread.

Soupe aux coques

- 1 l de coques
- 2 poireaux
- 4 pommes de terre
- 1 noix de beurre
- 15 cl de crème fraîche
- 1 jaune d'œuf
- sel, poivre

Lavez soigneusement les coques. Faites-les ouvrir à feu vif dans une casserole, décortiquez-les, lavez-les à nouveau pour en extraire le sable. Réservez le jus de cuisson après l'avoir filtré.

Faites revenir au beurre les poireaux et les pommes de terre coupés en petits dés. Mouillez d'un litre et demi d'eau, salez, poivrez. Laissez cuire une demi-heure. Passez à la moulinette, ajoutez le jus de cuisson des coques et réchauffez le tout. Au moment de servir, faites une liaison avec le jaune d'œuf et la crème, chauffez-la avec quelques cuillerées de soupe, puis jetez-la dans la casserole en remuant sans cesse. Ajoutez les coques, faites chauffer 1 minute, pas plus, sans bouillir. Servez immédiatement.

Les coques ne doivent pas cuire longtemps, sous peine de devenir caoutchouteuses.

Variante : on prépare de la même façon une délicieuse soupe aux moules !

Cockle soup

- 1 litre cockles
- 2 leeks
- 4 potatoes
- a knob of butter
- 150ml crème fraîche
- 1 egg yolk
- salt and pepper

Wash the cockles thoroughly. Open them in a saucepan over a high heat, shell them and wash them again to remove any sand. Filter the cooking juice and set aside.

Cut the leeks and the potatoes into small pieces and brown them in the butter. Moisten with 1½ litres of water, season and leave to cook for half an hour. Put the mixture through a vegetable mill, add the cockle juice and reheat.

Just before serving, make a liaison from the egg yolk and crême fraîche, heat it with a few spoonfuls of soup and then add to the saucepan stirring continuously. Add the cockles, heat for no more than a further minute without bringing to the boil and serve immediately.

Take care not to cook the cockles for too long otherwise they might become rubbery.

You can use the same recipe to make a delicious mussel soup

Salade de poisson

- 250 g de poisson cuit au court-bouillon
- 4 pommes de terre
- 2 pommes
- 1 verre de vin blanc
- céleri en branches
- ciboulette
- quelques feuilles de salade verte

Pour la sauce :
- 1 cuil. à café de moutarde
- 1 cuil. à soupe de vinaigre de cidre
- 4 cuil. à soupe d'huile
- 3 cuil. à soupe de mayonnaise
- sel, poivre

Faites cuire les pommes de terre, 20 minutes environ, épluchez-les encore chaudes, coupez-les en tranches que vous arroserez de vin blanc. Epluchez les pommes, coupez-les, ainsi que le céleri, en petits dés.

Préparez la vinaigrette, arrosez-en, dans le saladier, pommes de terre, pommes fruits et céleri, remuez. Ajoutez le poisson effeuillé, remuez encore et mettez au frais.

Au moment de servir, incorporez la mayonnaise qui rendra la préparation plus moelleuse, ajoutez les feuilles de salade ciselées, saupoudrez de ciboulette finement hachée.

Fish salad

- 250g of white fish cooked in a court-bouillon
- 4 potatoes
- 2 apples
- a glass of white wine
- celery
- chives
- a few lettuce leaves

For the dressing:

- 1tsp mustard
- 1tbsp cider vinegar
- 4tbsp oil
- 3tbsp mayonnaise
- salt and pepper

Cook the potatoes for about 20 minutes, peel them while still hot, cut them into slices and douse them with white wine. Peel the apples and dice them along with the celery.

In a salad bowl mix the potatoes, apple, and celery, cover with dressing and stir. Add the skinned fish and chill.

Just before serving, add the mayonnaise which will moisten the mixture and the finely chopped lettuce and sprinkle with finely chopped chives.

Salade de pays au pont-l'évêque

- 1 pont-l'évêque
- 150 g de lard fumé
- 18 tranches de baguette
- salades mélangées : scarole, trévise, frisée, mâche

Pour la sauce :
- 1 cuil. à soupe de vinaigre
- 4 cuil. à soupe d'huile
- sel, poivre

Faites griller légèrement les tranches de baguette. Lavez et essorez les salades. Préparez la vinaigrette. Faites dorer à sec les lardons dans une poêle anti-adhésive.

Enlevez la croûte du pont-l'évêque, coupez-le en 6 parts, puis chaque part en 3, posez 1 morceau sur chaque tranche de baguette. Passez les tartines sous le gril du four très chaud pour faire fondre et dorer le fromage.

Remuez rapidement salades et lardons dans la vinaigrette. Servez dès que les tartines sont prêtes.

Country salad with pont-l'éveque

- 1 pont-l'éveque
- 150g smoked bacon
- 18 slices of baguette
- mixed salad : escarole, radicchio, curly endive, lambs' lettuce

For the dressing:

- 1tbsp vinegar
- 4tbsp oil
- salt and pepper

Lightly grill the sliced baguette. Wash and rinse the salad. Prepare the dressing. Brown the bacon in a non-stick pan (without oil).

Remove the skin of the pont-l'eveque, cut into portions and cut again into thirds. Place a piece onto each slice of baguette. Grill under a hot grill to melt the cheese.

Stir the vinaigrette into the bacon and the salad. Serve as soon as the toasts are ready.

Velouté aux huîtres

- 18 huîtres
- 250 g de merlan
- 300 g de parures de poisson (arêtes, têtes à demander au poissonnier)
- 1 carotte
- 1 oignon
- 150 g de champignons
- 100 g de beurre
- 2 cuil. à soupe de farine
- 15 cl de crème fraîche
- ½ verre de vin blanc
- 4 jaunes d'œuf
- thym, laurier
- persil
- sel, poivre

Dans un large faitout, préparez un fumet de poisson avec 2 litres d'eau, les merlans, les parures de poisson, l'oignon, la carotte, 1 branche de thym, 1 feuille de laurier, sel et poivre. Après 20 minutes de cuisson, passez-le au chinois. Dans une casserole, faites un roux blond avec le beurre et la farine, mouillez avec le fumet, jetez-y les champignons en lamelles et 1 branche de persil finement émiettée. Laissez cuire 12 à 15 minutes en écumant de temps en temps.

Pendant ce temps, ouvrez les huîtres en recueillant leur eau. Dans une casserole moyenne, mettez une noix de beurre, le vin blanc, faites bouillir, ajoutez l'eau des huîtres, puis les huîtres que vous laisserez pocher 3 minutes, pas plus, dans le liquide frissonnant. Sortez les huîtres, ébarbez-les, c'est-à-dire débarrassez-les des lèvres entourant la noix.

Ajoutez le bouillon de cuisson au velouté. Faites une liaison avec les jaunes d'œuf et la crème, jetez-la dans votre potage que vous tournerez vivement. Ne laissez surtout plus bouillir. Vérifiez l'assaisonnement. Mettez 3 huîtres dans chaque assiette, versez le velouté par-dessus.

Cream of oyster soup

- 18 oysters
- 250g whiting
- 300g fish trimmings (ask your fishmonger for fish bones and heads)
- 1 carrot
- 1 onion
- 150g mushrooms (thinly sliced)
- 100g butter
- 2tbsp flour
- 150ml crème fraîche
- ½ glass of white wine
- 4 egg yolks
- thyme and bay leaves
- parsley
- salt and pepper

Prepare a fish fumet in a large pot using the whiting, the fish trimmings, the onion, the carrot, one branch of thyme, a bay leaf, salt and pepper, and 2 litres of water. After 20 minutes' cooking strain the fumet. In a saucepan, make a roux with the butter and the flour, moisten with the fumet and add the mushrooms and 1 branch of finely chopped parsley. Leave to cook for 12 to 15 minutes, skimming every so often.

In the meantime, open the oysters and siphon off the juice. In a medium-sized saucepan, mix a knob of butter and the white wine and bring to the boil, then add the oyster juice and when the mixture is simmering poach the oysters in it for no more than 3 minutes. Remove the oysters and trim them (i.e. remove the beard surrounding the oyster) Add the oyster stock to the soup.

Make a liaison with the egg yolks and the crème fraîche and add to the soup, stirring continuously. Make sure you don't let the soup boil. Season to taste. Place 3 oysters in each bowl and pour the soup on top.

Soupe de poisson à la crème

- 1 kg de poisson
- 3 l de moules
- 6 carottes
- 1 gros oignon
- 1 verre de vin blanc
- 1 citron
- 20 cl de crème fraîche
- bouquet garni
- sel, poivre

Nettoyez les moules soigneusement, faites-les ouvrir à sec dans un faitout en secouant souvent. Décoquillez-les, réservez le jus de cuisson après l'avoir filtré.

Préparez un court-bouillon avec un litre et demi d'eau, l'oignon coupé fin, les carottes en tranches minces, sel, poivre et bouquet garni. Ajoutez le vin blanc, le jus de citron et l'eau de cuisson des moules. Au bout de 20 minutes, pochez-y le poisson, en filets ou en morceaux, 8 à 12 minutes suivant le poisson et la taille des morceaux.

Au moment de servir, vérifiez l'assaisonnement, ajoutez les moules, la crème fraîche, réchauffez 1 minute.

Dressez les morceaux de poisson et les moules dans un plat. Versez le bouillon dans une soupière, sur des tranches de pain de campagne grillées. Servez très chaud.

Attention : le court-bouillon ne doit jamais bouillir car le poisson se racornirait.

Fish soup à la crème

- 1kg fish (cut into fillets)
- 3 litres mussels
- 6 carrots (thinly sliced)
- 1 large onion (finely chopped)
- 1 glass of white wine
- 1 lemon
- 200ml crème fraîche
- a bouquet garni
- salt and pepper

Wash the mussels thoroughly and open them in a pot, shaking frequently, then remove them from their shells, filter the cooking juice and set aside.

Prepare a court-bouillon with 1½ litres of water, the onion, the carrots, salt, pepper, and the bouquet garni. Add the white wine, the lemon juice, and the cooking juice from the mussels. After 20 minutes add the fish to the court-bouillon and poach for between 8 and 12 minutes, depending on the fish and the size of the pieces.

Just before serving, check the soup is seasoned to your taste, add the mussels and the crème fraîche and reheat for 1 minute.

Arrange the fish and the mussels in a dish. Pour the stock into a soup bowl over slices of toasted farmhouse bread. Serve piping hot.

Take care not to bring the court-bouillon to the boil otherwise the fish will be a little tough

Soupe de Granville

- 1 kg de poissons blancs variés
- quelques étrilles
- 100 g de beurre
- 1 cuil. à soupe de vinaigre
- pain de campagne
- persil
- sel, poivre

Lavez les étrilles, coupez les poissons en morceaux. Plongez-les dans une grande marmite d'eau salée et poivrée, 2 litres environ, parfumez d'un peu de bon vinaigre. Portez à ébullition et laissez frémir 10 minutes. Sortez les morceaux de poisson et les étrilles, dressez-les sur un plat de service que vous maintiendrez au chaud sur une casserole d'eau bouillante.

Laissez encore le bouillon sur le feu quelques minutes, puis mettez-y une noix de beurre, saupoudrez abondamment de persil haché et versez dans une soupière sur des tranches de pain de campagne grillées.

Arrosez les poissons et crustacés de beurre fondu et de vinaigre et servez immédiatement.

Granville soup

- 1kg mixed white fish
- a few swimming crabs
- 100g butter
- vinegar
- farmhouse bread
- parsley
- salt and pepper

Wash the crabs and cut the fish into pieces. Fill a pot with about 2 litres of water, add salt and pepper, and add the crabs and fish. Bring to the boil and leave to simmer for 10 minutes. Remove the crabs and the fish and arrange in a serving dish. Keep warm over a saucepan of boiling water.

Leave the fish stock on the heat for a few more minutes, then add a knob of butter, sprinkle generously with chopped parsley and pour into a tureen over a few slices of toasted bread.

Cover the fish and crabs with melted butter and vinegar and serve immediately.

Carottes à la crème

- 1 kg de carottes
- 3 oignons
- 2 cuil. à soupe de crème fraîche
- 1 cuil. à café de sucre
- 50 g de beurre
- bouquet garni
- persil
- sel, poivre

Faites dorer au beurre les oignons émincés dans une cocotte. Ajoutez les carottes en rondelles, le sucre, laissez glacer un peu. Mouillez avec 2 verres d'eau ou de bouillon, salez, poivrez, mettez un bouquet garni. Couvrez et laissez mijoter à feu modéré 1 heure.
Au moment de servir, nappez de crême, laissez juste chauffer et versez immédiatement dans le plat de service. Saupoudrez de persil haché.

Embeurrée de poireaux

- 1 kg de blancs de poireaux
- 200 g de beurre
- 1 verre d'eau
- sel, poivre

Nettoyez vos poireaux en enlevant toute l'extrémité verte pour ne garder que le blanc. Lavez-les très soigneusement en les fendant en deux, coupez-les en tronçons de 3 à 4 cm.
Faites fondre le beurre dans un plat de terre allant au four, mettez-y les poireaux, salez, poivrez, ajoutez, s'il le faut, un peu d'eau, couvrez. Enfournez à four moyen pour 20 minutes.

Carrots à la crème

- 1kg carrots (cut into rounds)
- 3 onions (finely sliced)
- 2tbsp crème fraîche
- 1tsp sugar
- a bouquet garni
- parsley
- salt and pepper

Brown the onions with the butter in a casserole dish. Add the carrots and the sugar and leave to cool slightly. Moisten the mixture with two glasses of water or stock, season and add the bouquet garni. Cover and leave to simmer for an hour over a gentle heat.

Just before serving top the mixture with cream, leave it briefly on the heat and then transfer directly to a serving dish. Sprinkle over the chopped parsley.

Buttered leeks

- 1kg leeks (trimmed)
- 200g butter
- a glass of water
- salt and pepper

Trim the leeks, making sure to remove all the green parts of the stalk. Slice them in half and wash them thoroughly, then cut them into segments of 3 to 4cm.

Melt the butter in an oven-proof earthenware dish, add the leeks, season, add a little water if necessary, and cover. Place in the oven and cook on a medium setting for 20 minutes.

Haricots blancs à la normande

- 1 kg de haricots blancs
- 1 oignon piqué de 2 clous de girofle
- 1 dl de crème
- 1 carotte
- bouquet garni
- persil
- sel, poivre

Dans un faitout, mettez les haricots blancs, couvrez-les d'eau froide. Portez à ébullition, laissez cuire 10 minutes. Egouttez, rincez le faitout.
Remettez les haricots dans le faitout, avec la carotte, l'oignon piqué de clous de girofle, sel, poivre et bouquet garni, couvrez d'eau froide. Faites cuire 30 minutes environ. Vérifiez la cuisson avant d'égoutter.
Versez les haricots dans un plat de service préalablement chauffé, arrosez-les avec la crème fraîche que vous aurez tiédie au bain-marie. Saupoudrez de persil haché. Servez immédiatement.

White beans à la normande

- 1kg white beans
- 1 onion garnished with 2 cloves
- 100ml fresh cream
- 1 carrot
- a bouquet garni
- parsley
- salt and pepper

Put the beans in a pot and cover them with cold water. Bring to the boil and leave to cook for 10 minutes. Strain the beans and rinse the pot. Put the beans back in the pot and add the carrot, the onion, and the bouquet garni, then season and cover with cold water. Leave to cook for about 30 minutes. Check that the vegetables are cooked thoroughly before straining.

Meanwhile, gently heat the cream in a bain-marie. Transfer the beans to a pre-heated serving dish and coat with the cream. Sprinkle over the chopped parsley and serve immediately.

Fondue d'oseille

- 1 kg d'oseille
- 125 g de beurre
- 20 cl de crème
- sel, poivre

Lavez soigneusement l'oseille, équeutez et enlevez les nervures des feuilles. Faites fondre 30 g de beurre dans une grande poêle, jetez-y une partie de l'oseille, laissez fondre jusqu'à n'avoir plus que 2 à 3 cuillères à soupe de purée que vous réserverez. Recommencez l'opération jusqu'à épuisement de l'oseille.

Remettez dans la poêle toute la purée ainsi réalisée, incorporez la crème fraîche, salez, poivrez, laissez mijoter à feu très doux quelques minutes.

Salade verte à la crème

- 1 laitue

Pour la sauce :

- 3 cuil. à soupe de crème fraîche
- 1 cuil. à soupe de jus de citron ou de vinaigre de cidre
- 1 échalote hachée très fin
- sel, poivre

Lavez soigneusement les feuilles de laitue ou autre salade verte à feuilles tendres, essorez-les bien.

Préparez la sauce à la dernière minute.

Mélangez-la à la salade et servez immédiatement.

Sorrel fondue

- 1kg sorrel
- 125g butter
- 200ml crème fraîche
- salt and pepper

Wash the sorrel thoroughly, remove the stalks and cut out the veins from the leaves. Melt 30g of butter in a large frying pan then add some of the sorrel. Leave to reduce until only two or three tablespoons of the mixture are left. Set aside. Start the process again until you have used all the sorrel.
Return the sorrel mixture to the pan and add the crème fraîche, salt, and pepper and leave to simmer on a gentle heat for a few minutes.

Green salad à la crème

- 1 soft-leafed lettuce

For the dressing:
- 3tbsp crème fraîche
- 1tbsp lemon juice or cider vinegar
- 1 very finely chopped shallot
- salt and pepper

Wash the salad thoroughly and rinse.
Prepare the dressing, mix with the salad and serve immediately.

Haricots verts à la crème

- 1 kg de haricots verts fins frais cueillis
- 20 cl de crème fraîche
- sel, poivre

Equeutez les haricots verts, jetez-les dans de l'eau bouillante salée, laissez cuire 10 minutes. Rafraîchissez. Mettez-les dans un plat à four beurré, couvrez de crème fraîche, salez légèrement, poivrez. Enfournez à four moyen pour une dizaine de minutes.

Pommes de terre à la normande

- 1 kg de pommes de terre
- 1 oignon
- 1 blanc de poireau
- 50 g de beurre
- 125 g de lard de poitrine
- ½ l de lait
- sel, poivre

Dans une cocotte, faites revenir au beurre l'oignon émincé fin, le blanc d'un gros poireau coupé en tronçons d'1 cm environ, les lardons. Ne laissez pas prendre couleur.

Ajoutez les pommes de terre taillées en minces rondelles, arrosez avec le lait, salez, poivrez. Laissez cuire à feu très doux pendant 40 minutes environ. Le liquide, qui ne doit pas cesser de bouillir, va épaissir et devenir crémeux. Servez tel quel.

Green beans à la crème

- 1kg freshly picked fine green beans
- 200ml crème fraîche
- salt and pepper

Trim the beans, add them to boiling salted water and leave to cook for 10 minutes then blanch. Put them in an oven-proof dish, cover with the crême fraîche, add pepper and a little salt, and cook in the oven for about 10 minutes on a medium setting.

Potatoes à la normande

- 1kg potatoes (chopped into small rounds)
- 1 onion (finely chopped)
- 1 leek (trimmed and cut into 1cm long segments)
- 50g butter
- 125g bacon
- ½ litre milk
- salt and pepper

In a casserole dish, heat the onion, the leek and the bacon in butter. Don't let the vegetables brown. Add the potato rounds, douse with milk and season. Leave to cook over a very gentle heat for about 40 minutes. Ensure that the liquid is boiling continuously so it thickens to a creamy consistency. Serve directly.

Chou à la normande

- 1 chou vert
- 3 pommes
- 1 verre de cidre
- 1 noix de beurre
- muscade
- girofle
- sel, poivre

Faites blanchir le chou coupé en quatre dans de l'eau bouillante, une dizaine de minutes, hachez-le. Pelez les pommes, coupez-les en quartiers.
Dans une cocotte, mettez le chou, les pommes, mouillez d'un verre de cidre, salez, poivrez, ajoutez une pincée de muscade et un clou de girofle. Laissez mijoter à feu très doux, en remuant de temps en temps, pendant une petite heure.
Au moment de servir, faites fondre dans la cocotte une noix de beurre.

Variante : remplacez le chou vert par un chou rouge. Faites revenir des petits lardons dans la cocotte avant d'y mettre le chou et les pommes.

Cabbage à la normande

- 1 green cabbage
- 3 apples
- 1 glass of cider
- a knob of butter
- nutmeg
- cloves
- salt and pepper

Cut the cabbage into quarters, blanch it in boiling water for about 10 minutes and chop it up. Peel the apples and cut them into quarters. Mix the cabbage and the apples in a casserole dish, moisten with the cider, season and add a pinch of nutmeg and a clove. Leave to simmer for about half an hour on a very gentle heat, stirring occasionally. Just before serving melt a knob of butter or a dollop of cream in the casserole dish.

Variation: Use red cabbage instead of green cabbage and brown some diced bacon in the casserole dish before adding the apples and cabbage.

Bouillie de sarrasin

- farine de sarrasin
- lait béclé (écrémé)
- œufs
- sel

Joyeux, convivial... et nourrissant

Délayez la farine dans le lait jusqu'à consistance d'une pâte à crêpes un peu épaisse. On peut y ajouter des œufs. Faites cuire la pâte à feu doux une vingtaine de minutes, en remuant sans cesse. Ménagez au centre de la poêlée un trou que vous remplirez de beurre. Posez la marmite sur la table. Avec une cuillère à long manche, chacun se servira une bouchée de bouillie qu'il trempera dans le beurre fondu.

La bouillie froide, en tranches fricassées au beurre accompagne viandes de porc et gibiers.

Buckwheat porridge

- Buckwheat flour
- skimmed milk
- eggs
- salt

*oyful,
convivial...
and nourishing*

Mix the flour into the milk to the consistency of a slightly thick pancake mix. Add eggs if desired. Cook over a gentle heat for about 20 minutes, stirring continuously.

Make a hole in the centre of the mixture and fill it with butter. Place the pan on the table. Using a long-handled spoon everyone takes a spoonful of porridge and dips it in the melted butter.

Once the porridge has cooled you can fricassee the slices in butter and serve with pork or game

Viandes et poissons
Meat and fish

Jambon fumé au cidre

- 3 tranches épaisses de jambon fumé (si le jambon est très fumé, il faut le faire tremper 1 heure ou 2 dans du lait pour le rendre plus moelleux)
- 50 cl de cidre
- 15 cl de crème fraîche
- 1 noix de beurre
- 2 cuil. à soupe de cive (ciboulette) hachée

Faites pocher très doucement le jambon dans une grande poêle contenant le cidre. Laissez mijoter 20 minutes environ. Egouttez les tranches de jambon, passez-les quelques instants à la poêle dans du beurre chaud mais il ne faut pas qu'elles se dessèchent.
Faites chauffer la crème, assaisonnez légèrement, ajoutez la cive hachée très fin, versez le tout sur le jambon et servez immédiatement.

Pintades à la crème

- 2 jeunes pintades
- 50 g de beurre
- 40 cl de crème fraîche
- 1 citron
- vinaigre
- sel, poivre

Dans une cocotte, mettez le beurre, faites dorer les pintades sur toutes leurs faces. Salez, poivrez, couvrez. Laissez cuire 90 minutes à feu très doux. Quand les pintades sont presque cuites, arrosez-les de crème. Sortez les pintades, découpez-les, mettez-les dans le plat de service à l'entrée du four.
Versez dans la sauce le jus du citron et un filet de vinaigre, tournez rapidement. Nappez les pintades, servez.

Smoked ham with cider

- 3 thick slices of smoked ham
- 500ml cider
- 150ml crème fraîche
- a knob of butter
- 2tbsp chopped chives

Gently poach the slices of ham in a large frying pan of cider. Leave to simmer for about 20 minutes. Drain the ham and fry for a few seconds in a pan of warm butter. Take care not to let the ham dry out. Heat the crème fraîche, lightly season, add the chives and pour over the ham. Serve immediately.

Guinea-fowl à la crème

- 2 young guinea-fowl
- 50g butter
- 400ml crème fraîche
- 1 lemon
- vinegar
- salt and pepper

In a casserole dish brown the guinea-fowl on all sides in butter. Season and cover. Leave to cook for 90 minutes on a very gentle heat. When the birds are almost cooked douse them with the crème fraîche.
Remove the fowl, carve, and put them in a serving dish which you should leave in the oven door.
Add the lemon juice and a dash of vinegar to the sauce, stirring continuously. Pour over the guinea-fowl and serve.

Tripes à la mode de Caen

- 2 kg de tripes : panse, bonnette et caillette
- 1 pied de bœuf et 1 pied de veau fendus en 2
- 6 carottes
- 3 oignons
- couennes de lard
- 1 l de cidre sec
- 1 verre de calvados
- 1 gousse d'ail
- 4 clous de girofle
- bouquet garni
- 1 pincée de cayenne
- sel, poivre

Lavez soigneusement les tripes à plusieurs eaux. Mettez-les dans un large faitout avec le pied de bœuf et le pied de veau, couvrez d'eau froide et portez à ébullition. Laissez bouillir quelques minutes, puis égouttez et rincez à l'eau froide. Découpez les tripes en carrés de 5 cm environ

Dans une grande marmite en terre, disposez les couennes de lard, les carottes et oignons coupés en rondelles, l'ail écrasé, sel, poivre et bouquet garni, les clous de girofle, une pincée de cayenne, les tripes, les pieds. Mouillez avec le calvados, puis le cidre, tous les éléments doivent tremper dans le liquide. Couvrez la marmite et fermez hermétiquement au moyen d'un cordon de pâte fait d'un peu de farine et d'eau. Enfournez à four très doux pour 12 heures minimum, la nuit ou plus. Laissez refroidir. Ouvrez la marmite, dégraissez à la cuillère le dessus de la cuisson, désossez les pieds de bœuf et de veau, retirez le bouquet garni. Réchauffez au moment du repas et servez, dans des assiettes brûlantes, accompagné de pommes vapeur.

Tripe à la mode de Caen

- 2kg tripe: belly, bonnet and rennet stomach
- 1 cow's foot and 1 calf's foot split in half
- 6 carrots (cut into rounds)
- 3 onions (cut into rounds)
- lard rind
- 1 litre dry cider
- 1 glass of calvados
- 1 clove of garlic (crushed)
- 4 cloves
- a bouquet garni
- a pinch of Cayenne pepper
- salt and pepper

Wash the tripe thoroughly changing the water several times. Put them in a large pot with the cow's foot and the calf's foot, cover with cold water and bring to the boil. Leave to boil for a few minutes, then drain and rinse with cold water. Cut the tripe into 5cm cubes.

In a large terracotta casserole dish mix the lard rind, the carrots, the onions, the garlic, salt, pepper, the bouquet garni, the cloves, a pinch of Cayenne pepper, the tripe, and the feet. Moisten with the calvados and then the cider. The whole mixture should be covered with liquid. Cover the casserole dish and seal hermetically using a cord of pastry made from a little flour and water. Cook in the oven on a low setting for at least 12 hours, or leave overnight. Leave to cool. Open the casserole dish, remove the top layer of grease with a spoon, bone the feet and remove the bouquet garni.

Reheat just before serving and serve in piping hot plates with boiled potatoes.

Escalopes de veau au cidre

- 6 escalopes
- 3 échalotes
- 1 noix de beurre
- ½ bouteille de cidre
- 25 cl de crème fraîche
- sel, poivre

Après avoir salé et poivré les escalopes sur les deux faces, faites-les dorer au beurre dans une poêle 8 à 10 minutes selon l'épaisseur. Réservez.

Faites revenir les échalotes hachées dans le beurre de cuisson de la viande, déglacez la poêle en y versant le cidre. Laissez réduire à feu vif, jusqu'à ce qu'il n'y ait plus qu'un petit fond de liquide. Ajoutez alors la crème fraîche et, à tout petit feu, faites mijoter quelques minutes sans cesser de remuer.

Remettez les escalopes pour les réchauffer dans la poêle et servez-les nappées de la sauce qui doit être très onctueuse.

Veal escalopes with cider

- 6 veal escalopes
- 3 shallots
- a knob of butter
- ½ a bottle of cider
- 250ml crème fraîche
- salt and pepper

Season the escalopes on both sides, brown them in the butter for 8 to 10 minutes depending on their thickness and set aside.

Fry the shallots in the butter from the veal and glaze the pan with the cider. Leave to reduce over a high heat until there is only a covering of liquid left. Then add the crême fraîche and simmer over a very gentle heat, stirring continuously, to achieve a creamy consistency.

Return the escalopes to the pan to re-heat them and serve them with the sauce.

Canard rôti aux pommes

- 1 canard
- 1 kg de pommes
- 1 verre de calvados
- 1 verre de cidre
- 100 g de beurre
- ½ citron
- 1 dl de crème fraîche

Faites rôtir le canard à four chaud, badigeonné de beurre. A mi-cuisson, retournez-le pour qu'il soit bien doré de tous côtés. Lorsqu'il est cuit à point, au bout d'une demi-heure environ, retirez-le du four, arrosez-le avec un demi-verre de calvados tiédi et flambez. Salez, poivrez. Couvrez le canard d'une feuille d'aluminium et remettez-le à four doux 10 minutes, pour qu'il s'imprègne du parfum de l'alcool.

Pendant ce temps, épluchez les pommes, coupez-les en tranches épaisses et faites-les dorer dans du beurre. Arrosez-les avec le jus de citron et mouillez-les avec un demi-verre de cidre. Poivrez, ajoutez le reste de calvados, maintenez au chaud. Déglacez la cuisson avec le reste du cidre et la crème fraîche.

Servez le canard entouré des tranches de pommes dorées, la sauce à part dans une saucière.

Roast duck with apple

- 1 duck
- 1kg apples
- 1 glass of calvados
- 1 glass of cider
- 100g butter
- ½ a lemon
- 500ml crème fraîche

Rub the duck with butter and roast it in a hot oven. Half way through cooking, turn it over so it is golden on both sides. When it is cooked through (after about an hour and a half) remove from the oven, douse with half a glass of tepid calvados and flambé. Season and cover with kitchen foil and return to the oven for 10 minutes on a low setting so the meat absorbs the flavour of the calvados.
In the meantime, peel the apples, thickly slice them and brown them in butter. Douse them with the lemon juice and moisten with half a glass of cider. Add some pepper and the remaining calvados and keep warm. Glaze the pan with the rest of the cider and the crême fraîche.
Serve the duck surrounded by slices of apple and the sauce separately in a gravy boat.

Turbot royal de Carême

- 1 turbot de 1,5 kg
- 3 douzaines de moules
- 12 langoustines
- 1 bouteille de cidre brut
- 2 carottes
- 2 oignons
- 60 g de beurre
- 1 cuil. à soupe de farine
- 125 g de crème fraîche
- 2 jaunes d'œuf
- ½ citron
- bouquet garni
- sel, poivre

Somptueux !

Demandez à votre poissonnier de vous découper le turbot en morceaux, après l'avoir débarrassé de ses arêtes extérieures. Dans une grande casserole, mettez les morceaux de turbot avec oignons, carottes émincées, peu de sel, du poivre et un bouquet garni. Mouillez avec le cidre et un peu d'eau jusqu'à couvert. Amenez, sans couvrir, à ébullition. Dès que le liquide frissonne, baissez le feu et laissez cuire 15 à 18 minutes.

Pendant ce temps, faites ouvrir les moules, retirez-les des coquilles, réservez leur eau. Faites cuire les langoustines à l'eau bouillante salée.

Sortez le poisson, enlevez la peau, disposez les morceaux dans le plat de service tenu au chaud, couvert, sur une casserole d'eau bouillante. Faites réduire la cuisson de moitié à gros bouillons. Passez-la, ajoutez lui l'eau de cuisson des moules filtrée, puis une cuillerée à soupe de beurre manié avec une cuillerée à soupe de farine. Faites bouillir. Ajoutez la crème délayée avec jaunes d'œuf et jus de citron. Faites chauffer, goûtez, rectifiez l'assaisonnement.

Servez avec les moules et les queues de langoustines décortiquées, et nappez de la sauce veloutée.

Royal turbot

- 1 1½kg turbot
- 3 dozen mussels
- 12 langoustines
- 1 bottle dry cider
- 2 carrots (thinly sliced)
- 2 onions (thinly sliced)
- 60g butter
- 1tbsp flour
- 125g crème fraîche
- 2 egg yolks
- ½ a lemon
- a bouquet garni
- salt and pepper

Sumptuous

Ask your fishmonger to remove the external bones and cut the turbot into pieces.

In a large saucepan mix the turbot, the carrots, the onion, a little salt, pepper, and the bouquet garni. Moisten with the cider and top up with a little water so that the mixture is covered with liquid. Leave uncovered and bring to the boil. As soon as the liquid starts to bubble, reduce the heat and leave to cook for 15 to 18 minutes. In the meantime, open the mussels, remove them from their shells and put their juice to one side. Cook the langoustines in boiling salted water. Take the pieces of turbot out of the saucepan, remove the skin and place the fish in a serving dish. Cover and keep warm over a pan of boiling water.

Reduce the stock by half by boiling vigorously, strain, and add the filtered cooking juice from the mussels and a tablespoon of butter kneaded with a tablespoon of flour. Bring to the boil. Mix the crême fraîche, the egg yolks, and the lemon juice and add to the saucepan. Warm up and season to taste.

Serve with the mussels and the shelled langoustine tales covered in sauce.

Queue de bœuf en hochepot

- 1 queue de bœuf
- 2 pieds de porc frais
- 1 oreille de porc
- 1 chou
- 1 oignon
- 8 carottes
- 6 navets
- 8 pommes de terre

Dans une grande marmite, mettez la queue de bœuf coupée en tronçons de 6 à 7 cm, les pieds de porc coupés en 4, l'oreille de porc, l'oignon. Couvrez d'eau, salez, poivrez. Portez à ébullition et laissez cuire doucement 1 heure et demie.

Ajoutez alors les carottes et les navets, puis, au bout de 45 minutes, le chou préalablement blanchi.

Laissez cuire encore 1 petite heure.

Faites cuire les pommes de terre à la vapeur à part.

Servez viandes et légumes avec des cornichons et du gros sel.

Beef tail stew

- 1 beef tail (cut into 6 – 7cm slices)
- 2 fresh pig's feet (quartered)
- 1 pig's ear
- 1 cabbage (blanched)
- 1 onion
- 8 carrots
- 6 turnips
- 8 potatoes

Add the beef tail, the pig's feet, the pig's ear and the onion to a large pot. Cover with water and season. Bring to the boil and then leave to cook gently for an hour and a half.

Add the carrots and the turnips, leave for 45 minutes, then add the cabbage. Leave to cook for just under an hour.

Steam the potatoes in a separate pan.

Serve the meat and the vegetables with gherkins and rock salt.

Côtes de veau à la normande

- 6 côtes de veau
- 6 grosses pommes à chair ferme
- 120 g de beurre
- 1 verre à liqueur de calvados
- 2 dl de crème fraîche
- 1 cuil. à soupe de sucre
- sel, poivre

Dans une poêle, faites dorer au beurre les côtes de veau. Réservez-les dans un plat allant au four. Déglacez les sucs caramélisés dans le fond de la poêle avec la crème, ajoutez le calvados, salez, poivrez, versez le tout sur les côtes. Enfournez le plat dans un four doux pour une dizaine de minutes. Faites sauter au beurre les pommes épluchées et coupées en quartiers. A mi-cuisson, saupoudrez-les de sucre en poudre.

Présentez les côtes de veau, sur le plat de service, entourées d'une couronne de pommes. Nappez-les avec la sauce.

Veal chops à la normande

- 6 veal chops
- 6 large firm apples
- 120g butter
- 1 measure of calvados
- 200ml crème fraîche
- 1tbsp sugar
- salt and pepper

In a frying pan brown the chops in some butter and transfer them to an oven-proof dish. Glaze the caramelised juices at the base of the pan with the crême fraîche, add the calvados, season, and pour the mixture over the chops. Cook in the oven on a low setting for about 10 minutes. Peel and quarter the apples and brown them in some butter. Half-way through cooking sprinkle them with the sugar.

Arrange the chops surrounded by a crown of apple in a serving dish. Top with the sauce.

Faisan vallée d'Auge

- 1 gros faisan bardé
- 3 ou 4 pommes reinettes
- 50 g de beurre
- 20 cl de crème fraîche
- 1 verre à liqueur de calvados
- sel, poivre

Dans une grande cocotte, faites dorer au beurre le faisan. Arrosez-le de calvados, faites flamber. Salez, poivrez, couvrez et mettez à cuire à feu très doux.

Au bout de 20 minutes, jetez dans la cocotte les pommes coupées en tranches épaisses non pelées et faites mijoter encore une vingtaine de minutes.

Dressez le faisan dans votre plat de service, entouré des rondelles de pommes.

Déglacez le jus de cuisson avec la crème fraîche, donnez juste un bouillon et servez à part dans une saucière préalablement chauffée.

Recette de Cécile pour présenter pintades ou faisans :

Faites une compote de pommes avec beaucoup de beurre et un peu de sel. Disposez-en un cordon tout autour de la volaille.

Par ailleurs, faites sauter à la poêle, dans du beurre, quelques rondelles de pommes. Posez-en de place en place sur la compote et, sur chaque rondelle, mettez au centre un petit peu de gelée de groseille.

Auge valley pheasant

- 1 large barded pheasant
- 3 or 4 apples (thickly sliced with the skin left on)
- 50g butter
- 200ml crème fraîche
- 1 measure of calvados
- salt and pepper

In a large casserole dish brown the pheasant in butter. Douse with calvados and flambé, then season, cover and cook over a gentle heat. After 20 minutes of cooking, add the apple and simmer for a further 20 minutes.

Arrange the pheasant in a serving dish surrounded by the slices of apple.

Glaze the cooking juice with the crême fraîche, warm slightly and serve separately in a pre-heated gravy-boat.

One of Cécile's recipes for pheasants or guinea-fowl:

Make an apple compote with plenty of butter and a little salt and arrange it round the fowl.

Then sauté a few apple rounds in butter and arrange them on top of the compote, placing a drop of red-currant jelly on each slice.

Ris de veau à la normande

- 6 noix de ris de veau
- 1 oignon
- 3 échalotes
- bouquet garni
- 40 g de beurre
- 1,5 dl de madère
- 2 cuil. à soupe de calvados
- 1 cuil. à soupe de fécule
- 15 cl de crème
- sel, poivre

Faites dégorger les ris de veau plusieurs heures à l'eau froide, puis faites-les blanchir 20 minutes à l'eau bouillante salée avec l'oignon et le bouquet garni. Réservez une tasse de ce bouillon. Dépouillez les ris de toutes leurs peaux, épongez-les.

Dans une cocotte, mettez les échalotes hachées menu à fondre dans du beurre, ne les laissez pas prendre couleur, ajoutez les ris. Salez, poivrez, couvrez au bout de quelques minutes. Laissez braiser à tout petit feu pendant 20 minutes. Mouillez alors avec calvados, madère et quelques cuillerées de jus de cuisson des ris, laissez macérer 10 minutes hors du feu. Amenez à ébullition, puis arrêtez le feu, retirez les ris de veau et gardez-les au chaud. Ajoutez à la sauce la fécule délayée dans très peu d'eau froide, la crème. Remettez les ris de veau dans la sauce, couvrez, laissez encore mijoter quelques minutes à feu très doux.

L'accompagnement idéal : des pommes évidées, non épluchées, coupées en rondelles de 1 cm et poêlées au beurre.

Veal sweetbread à la normande

- 6 veal sweetbread
- 1 onion
- 3 shallots
- a bouquet garni
- 40g butter
- 150ml Madeira
- 2tbsp calvados
- 1tbsp starch
- 150ml cream
- salt and pepper

Soak the sweetbread in cold water for several hours then blanch for 20 minutes with the onion and the bouquet garni in boiling salted water. Set aside a glass of the stock. Remove the skin from the meat and wipe it. In a casserole dish soften the finely chopped shallots in butter without browning them then add the meat, season and cover after a few minutes. Leave to braise on a very gentle heat for 20 minutes. Moisten with the calvados, the Madeira and, a few spoonfuls of the stock, remove from the heat and leave to soak for 10 minutes. Return to the heat and bring to the boil, then take off the heat, remove the meat and keep warm. Mix the starch with a drop of cold water and add to the sauce. Return the meat to the sauce, cover and leave to simmer for another few minutes over a very gentle heat.

Serving suggestion; would go wonderfully with apples with the core removed but the skin left on cut into 1cm rounds and fried in butter.

Filets de poisson au cidre

- 1 kg de filets de poisson
- 1 l de court-bouillon

Pour la sauce :
- 1 oignon
- 50 g de beurre
- 2 cuil. à soupe de farine
- 30 cl de cidre
- 20 cl de crème fraîche
- 1 citron
- muscade
- sel, poivre

Mettez les filets de poisson à cuire dans le court-bouillon. Laissez frémir, jamais bouillir, 5 à 10 minutes suivant la taille des filets.

Dans une casserole, faites dorer au beurre l'oignon finement émincé, ajoutez la farine, mélangez, mouillez avec le cidre. Salez, poivrez, saupoudrez d'une pincée de muscade. Laissez mijoter 10 minutes. Au moment de servir, ajoutez la crème et le jus de citron. Nappez les filets avec la sauce et servez aussitôt.

Lapin à la cauchoise

- 1 lapin de 1,5 kg
- 3 échalotes
- 1 grosse noix de beurre
- 3 cuil. à soupe de moutarde forte
- 25 cl de vin blanc
- 25 cl de crème fraîche
- sel, poivre

Dans une cocotte, faites dorer au beurre les morceaux du lapin. Ajoutez ensuite les échalotes hachées finement et la moitié de la crème. Couvrez, laissez mijoter très doucement une demi-heure.

Mélangez dans un bol la moutarde, le vin blanc, le reste de la crème fraîche, versez dans la cocotte, faites cuire encore 15 minutes.

Fish fillets with cider

- 1kg fish fillets
- 1 litre court-bouillon

For the sauce:
- 1 onion
- 50g butter
- 2tbsp flour
- 300ml cider
- 200ml crème fraîche
- 1 lemon
- nutmeg
- salt and pepper

Cook the fish in the court-bouillon for 5 to 10 minutes (depending on the size of the fillets), simmering without bringing to the boil.
In a saucepan, brown the finely chopped onion, add the flour and stir then moisten with the cider. Season and sprinkle with a pinch of nutmeg and leave to simmer for 10 minutes. Just before serving add the crème fraîche and the lemon juice. Top the fish with the sauce and serve immediately.

Rabbit à la cauchoise

- 1 1½kg rabbit
- 3 shallots
- a large knob of butter
- 3tbsp strong mustard
- 250ml white wine
- 250ml crème fraîche
- salt and pepper

Brown the pieces of rabbit in a pot, then add the finely chopped shallots and half of the crème fraîche. Cover and leave to simmer gently for half an hour.
In a bowl, mix the mustard, the white wine and the rest of the crème fraîche, pour the mixture into the pot and cook for another 15 minutes.

Andouille Parmentier

- 300 g d'andouille de Vire
- 1,2 kg de pommes de terre
- ½ l de lait
- 3 noix de beurre
- chapelure
- persil
- sel, poivre

Préparez une purée à l'ancienne avec lait et beurre. Epluchez l'andouille et coupez-la en tranches minces. Garnissez le fond d'un plat creux allant au four d'une couche de purée. Couvrez d'une couche de rondelles d'andouilles, saupoudrez de persil finement haché, remettez une couche de purée, une couche d'andouille, enfin une couche de purée. Recouvrez de chapelure, parsemez de noisettes de beurre et faites gratiner à four chaud pendant 10 minutes.

Haddock à la crème

- 800 g de haddock
- ½ l de lait
- 30 g de beurre
- 30 g de farine
- 20 cl de crème fraîche
- 1 pincée de muscade
- sel, poivre

Faites tremper le haddock dans de l'eau froide au moins 2 heures. Dans une grande casserole, mettez le haddock à cuire, couvert de lait, laissez frémir 5 minutes, puis éteignez le feu, couvrez et laissez pocher une dizaine de minutes. Avec le beurre et la farine, préparez un roux que vous mouillerez avec du jus de cuisson du haddock. Incorporez-y la crème, rectifiez l'assaisonnement, ajoutez une pincée de muscade, du poivre à volonté. Servez le haddock nappé de sauce.

Andouille pie

- 300g Vire andouile
- 1.2kg potatoes
- ½ litre milk
- 2 knobs of butter
- breadcrumbs
- parsley
- salt and pepper

Make traditional mashed potato with milk and butter. Remove the skin from the andouille and cut it into thin slices. Cover the bottom of a deep oven-proof dish with a layer of mashed potato, top with a layer of andouille slices, sprinkle with chopped parsley, add another layer of mash, a layer of andouille and lastly a layer of mash. Cover with breadcrumbs, dot with butter and cook in the oven for 10 minutes until golden brown.

Haddock à la crème

- 800g haddock
- ½ litre milk
- 30g butter
- 30g flour
- 200ml crème fraîche
- a pinch of nutmeg
- salt and pepper

Soak the haddock in cold water for at least 2 hours. Put the haddock in a large saucepan, cover with milk, leave to simmer for 5 minutes, then turn off the heat, cover and leave to poach for about 10 minutes.
Prepare a roux with the butter and the flour and moisten with a little of the cooking juice from the haddock. Incorporate the crème fraîche, add a pinch of nutmeg and season to taste. Serve the haddock topped with the sauce.

Filets de barbue au calvados

- 2 gros filets de barbue
- 3 échalotes
- 2 cuil. à soupe de beurre
- ½ bouteille de cidre
- 1 verre à liqueur de calvados
- 20 cl de crème fraîche
- 2 jaunes d'œuf
- persil
- sel, poivre

Dans une sauteuse, faites fondre au beurre les échalotes coupées menu, faites revenir les filets coupés en morceaux, arrosez de calvados et flambez. Couvrez de cidre et laissez cuire 8 à 10 minutes. Nappez de crème fraîche.

Par ailleurs, faites une liaison avec les jaunes d'œuf que vous battrez avec un peu d'eau. Incorporez, en continuant à battre, l'équivalent d'une cuillère de beurre fondu. Salez, poivrez fortement.

Dressez le poisson dans un plat de service gardé au chaud à l'entrée du four. Versez votre liaison dans la sauce de cuisson, laissez-lui le temps de prendre un peu d'onctuosité et servez le poisson nappé de ce velouté et parsemé de persil ciselé.

Brill fillets with calvados

- 2 large brill fillets (cut into pieces)
- 3 shallots (finely chopped)
- 2tbsp butter
- ½ a bottle cider
- 1 measure of calvados
- 200ml crème fraîche
- 2 egg yolks
- parsley
- salt and pepper

In a sauteuse, soften the shallots in butter, brown the fillets, douse them with the calvados and flambé. Cover with cider and leave to cook for 8 to 10 minutes then coat with crême fraîche.

In the meantime, make a liaison by beating the egg yolks with a little water. Fold in the equivalent of a spoonful of melted butter, beating continuously. Add salt and plenty of pepper.

Arrange the fish in a serving dish pre-heated in the door of the oven. Add the liaison to the cooking sauce from the fish and leave to stand so the flavours mix. Serve the fish topped with the sauce and sprinkled with parsley.

Galettes de sarrasin

- 250 g de farine de sarrasin
- 3 œufs
- ¼ l de lait
- ¼ l d'eau
- 1 pincée de sel

Faites une détrempe assez fluide avec tous les ingrédients. Laissez reposer au moins 1 heure.
Faites chauffer la tuile et graissez-la, entre chaque galette, avec une couenne de lard ou un chiffon roulé trempé de temps en temps dans de l'huile.

Les galettes se mangent chaudes et beurrées, et avec divers accommodements : saucisses, œufs, jambon, fromage... On peut également les réchauffer au beurre blond le lendemain.

Ragoût au cidre

- 1 kg de mouton : collier, épaule ou poitrine
- 2 cuil. à soupe de farine
- 75 cl de cidre
- carottes
- navets
- pommes de terre
- 2 gousses d'ail
- 3 oignons
- bouquet garni
- sel, poivre

Faites revenir dans une grande cocotte les morceaux de mouton. Lorsqu'ils sont bien dorés, saupoudrez-les de farine. Mouillez à hauteur avec le cidre, ajoutez un peu d'eau s'il le faut, salez, poivrez. Ajoutez les légumes, l'ail écrasé, le bouquet garni. Laissez mijoter à feu très doux 2 heures environ.
Servez dans des assiettes chaudes.

Buckwheat cakes

- 250g buckwheat flour
- 3 eggs
- ¼ litre milk
- ¼ litre water
- a pinch of salt

Make a fairly liquid tempera using all the ingredients. Leave to rest for at least an hour. Heat the tuile pan and grease it, before each cake, with bacon rind or a cloth soaked in oil.

Enjoy the cakes warm and buttered with various accompaniments: sausages, eggs, ham, cheese etc. You can also reheat them in melted butter the following day.

Ragout with cider

- 1kg mutton: neck, shoulder or chest
- 2tbsp flour
- 750ml cider
- carrots
- turnips
- potatoes
- 2 cloves of garlic
- 3 onions
- a bouquet garni
- salt and pepper

Brown the meat in a large casserole dish. When nicely brown, sprinkle the meat with flour, cover with cider, add a little water if necessary and season. Add the vegetables, the crushed garlic and the bouquet garni and leave to simmer on a low heat for about 2 hours.
Serve on warm plates.

Turbotin à l'oseille

- 1 turbotin d'environ 1 kg
- 75 g d'oseille
- 1 verre de vin blanc sec
- 2 échalotes
- 10 cl de crème fraîche
- 75 g de beurre
- sel, poivre

Prenez un plat à rôtir de la longueur du turbotin. Beurrez-le et parsemez le fond d'échalotes hachées. Couchez-y votre poisson ébarbé, débarrassé de ses arêtes extérieures, le côté gris au-dessus. Salez, poivrez, mouillez avec le vin, mettez à four moyen pour une quinzaine de minutes. Arrosez votre poisson de temps en temps avec son jus de cuisson.

Préparez l'oseille, ôtez tiges et nervures, lavez-la soigneusement. Faites-la fondre dans du beurre.

Dressez le turbotin sur un plat de service que vous garderez au chaud. Incorporez la crème au jus de cuisson, laissez réduire un peu et, hors du feu, ajoutez, en battant au fouet, quelques noisettes de beurre frais. Rectifiez l'assaisonnement, ajoutez l'oseille et nappez le turbotin. Servez immédiatement.

Turbotin with sorrel

- 1 turbotin weighing about 1kg
- 75g sorrel
- 1 glass of dry white wine
- 2 shallots
- 100ml crème fraîche
- 75g butter
- salt and pepper

Butter a roasting tin of the same length as the fish and cover the bottom with chopped shallots. Trim the fish and remove the external bones, and place in the roasting tin, grey side up. Season and moisten with the wine and roast on a medium setting for about 15 minutes, occasionally spooning the cooking juices over the fish.

Wash the sorrel thoroughly, remove the stalks and cut out the veins from the leaves. Melt in butter. Place the turbotin in a serving dish and keep warm. Add the crème fraîche to the cooking juices and reduce a little, then remove from the heat and whisk in several knobs of chilled butter. Season to taste, add the sorrel and spoon over the turbotin. Serve immediately.

Maquereaux à la moutarde

- 6 maquereaux moyens
- 40 g de beurre
- 25 cl de crème fraîche
- 3 cuil. à soupe de moutarde
- 1 citron
- persil
- sel, poivre

Lavez les maquereaux que vous aurez fait vider par le poissonnier, essuyez-les. Dans un plat à four généreusement beurré, disposez les poissons. Mélangez crème fraîche, moutarde, jus de citron, ajoutez du sel, très peu à cause de la moutarde, du poivre, du persil haché, versez sur les poissons. Parsemez de noisettes de beurre. Enfournez à four moyen pour une bonne demi-heure.

Lapin au cidre

- 1 lapin de 1,5 kg
- 1 noix de beurre
- 3 gros oignons
- 2 gousses d'ail
- 150 g de lard fumé
- 200 g de champignons
- ½ l de cidre
- 2 cuil. à soupe de farine
- persil
- sel, poivre

Dans une cocotte, faites revenir au beurre successivement les oignons, les lardons et les morceaux de lapin. Remettez le tout dans la cocotte, saupoudrez de farine, salez, poivrez. Mouillez avec le cidre. Ajoutez l'ail écrasé et, au bout de 30 minutes, les champignons. Laissez mijoter à feu très doux 50 minutes en tout. Servez très chaud, saupoudré de persil finement haché et accompagné de pommes vapeur.

Mackerel in mustard sauce

- 6 medium-sized mackerels (ask the fishmonger to gut them)
- 40g butter
- 250ml crème fraîche
- 3tbsp mustard
- 1 lemon
- parsley
- salt and pepper

Wash and wipe the mackerel and place them in a buttered oven-proof dish.

Mix the crème fraîche, the mustard and the lemon juice, add pepper, chopped parsley and a little salt and pour the mixture over the fish. Dot with butter and bake on a medium setting for just over half an hour. Serve immediately.

Rabbit with cider

- 1 1½kg rabbit
- a knob of butter
- 3 large onions
- 2 cloves of garlic
- 150g smoked bacon
- 200g mushrooms
- ½ litre cider
- 2tbsp flour
- parsley
- salt and pepper

In a casserole dish brown the onions, the bacon and the pieces of rabbit successively in butter.

Put everything back into the casserole dish, sprinkle with flour, season and moisten with the cider. Add the crushed garlic and leave to simmer over a gentle heat for half an hour then add the mushrooms. Leave to simmer for another 20 minutes. Sprinkle with finely chopped parsley.

Serve piping hot with boiled potatoes.

Blanquette de lotte

- 1,2 kg de lotte coupée en morceaux par le poissonnier
- 250 g de champignons
- 20 cl de vin blanc
- 0,5 l de court-bouillon
- 1 citron
- 80 g de beurre
- 1 jaune d'œuf
- 20 cl de crème fraîche
- 1 cuil. à soupe de fécule
- sel, poivre

Préparez les champignons, émincez-les, faites-les dorer au beurre, ajoutez le jus de citron, du sel, du poivre et laissez mijoter à couvert 10 minutes environ.

Dans une cocotte, jetez les morceaux de lotte dans 40 g de beurre chaud, faites « raidir », puis mouillez avec le vin blanc et le court-bouillon. Prolongez la cuisson à feu très doux une vingtaine de minutes.

Sortez les morceaux de poisson

Faites réduire la sauce à gros bouillons. Ajoutez-y les champignons. Baissez le feu. Préparez, dans un bol, une liaison avec le jaune d'œuf, la fécule et la crème fraîche. Tiédissez-la avec quelques cuillerées de sauce, puis incorporez-la à l'ensemble, sans cesser de remuer. Rectifiez l'assaisonnement.

Plongez les morceaux de lotte dans la sauce, réchauffez sans faire bouillir. Servez immédiatement.

Blanquette of monkfish

- 1.2kg monkfish (ask your fishmonger to cut it into pieces)
- 250g mushrooms
- 200ml white wine
- 500ml court-bouillon
- 1 lemon
- 80g butter
- 1 egg yolk
- 200ml crème fraîche
- 1tbsp starch
- salt and pepper

Wash the mushrooms, thinly slice them and brown them in butter. Add the lemon juice, salt, and pepper, cover and leave to simmer for about 10 minutes.

In a casserole dish add the pieces of monkfish to 40g warm butter, seal the fish and moisten with the white wine and the court-bouillon. Cook for a further 20 minutes on a very gentle heat, then remove the fish. Reduce the sauce by boiling readily, add the mushrooms and reduce the heat. In a bowl, prepare a liaison with the egg yolk, the starch and the crème fraîche, warm slightly with a few spoonfuls of the sauce, then add to the casserole dish, stirring continuously. Season to taste.

Return the pieces of monkfish to the sauce and reheat without bringing to the boil. Serve immediately.

Marmite dieppoise

- 1,5 kg de poissons divers : turbot, sole, rouget grondin, rouget barbet
- 1 l de moules
- 1 blanc de poireau
- 1 pied de céleri
- 1 oignon
- 50 g de beurre
- 25 cl de crème fraîche
- 1 l de cidre ou de vin blanc
- bouquet garni
- cerfeuil
- sel, poivre

Faites ouvrir les moules à sec sur feu vif. Décoquillez-les, réservez leur eau.

Vous aurez demandé à votre poissonnier de couper les poissons en morceaux et de vous donner têtes et parures, ainsi que 300 g supplémentaires de parures, pour vous permettre de préparer un fumet. Dans un faitout, mettez têtes et parures de poisson, l'eau des moules, les poireaux et céleri en dés, l'oignon émincé, du poivre et un bouquet garni. Couvrez avec le cidre et mettez à cuire à feu vif pendant une demi-heure. Passez au tamis en pressant bien les parures de poissons avec une spatule en bois.

Dans une marmite de porcelaine à feu, disposez les tronçons de poissons, couvrez-les de fumet, parsemez de noisettes de beurre, nappez de crème fraîche, salez, poivrez. Laissez mijoter à feu doux 20 minutes environ. Ajoutez les moules, saupoudrez de cerfeuil haché. Servez avec des croûtons dorés au beurre.

Dieppoise hotpot

- 1.5kg of different fish: turbot, sole, red mullet, gurnard
- 1 litre mussels
- 1 leek (trimmed and diced)
- 1 whole celery (diced)
- 1 onion (finely chopped)
- 50g butter
- 250ml crème fraîche
- 1 litre cider or white wine
- a bouquet garni
- chervil
- salt and pepper

Be sure to ask your fishmonger to cut the fish into pieces, to give you the heads and the trimmings along with 300g of extra trimmings to make a fumet.

Open the mussels in a pot over a high heat, remove them from their shells and set the juice aside.

In a pot mix the fish heads and trimmings, the juice from the mussels, the leeks, the celery, the onion, pepper and the bouquet garni. Cover with the cider and leave to cook over a high heat for half an hour. Pass through a sieve pressing hard on the fish trimmings with a wooden spoon.

Put the pieces of fish into a glazed porcelain pot, cover them with the fumet, dot with butter, top with crème fraîche and season. Leave to simmer for about 20 minutes over a gentle heat, then add the mussels and sprinkle with chopped chervil. Serve with croutons browned in butter.

Moules sauce poulette

- 3 l de moules
- 1 oignon
- 2 noix de beurre
- 1 verre de vin blanc
- 1 cuil. à soupe de farine
- 2 jaunes d'œuf
- ½ citron
- 20 cl de crème fraîche
- bouquet garni
- persil
- sel, poivre

Dans un grand faitout, faites blondir l'oignon haché avec une noix de beurre, laissez-le fondre. Ajoutez du poivre mais pas de sel, le vin blanc, un bouquet garni, portez à ébullition. Jetez-y les moules que vous aurez au préalable soigneusement nettoyées à l'eau courante, faites-les ouvrir à feu vif. Réservez-les dans un plat de service creux que vous laisserez chauffer, couvert, au-dessus d'une casserole d'eau bouillante.

Préparez un roux blond avec 1 noix de beurre et la farine. Mouillez-le avec le jus de cuisson des moules filtré.

Dans un bol, faites une liaison avec les jaunes d'œuf, le jus de citron et la crème, incorporez-la à la sauce. Prolongez quelques instants la cuisson à feu très doux, sans cesser de remuer, ne laissez surtout pas bouillir. Saupoudrez de persil haché. Servez les moules nappées de la sauce qui doit être très veloutée.

Mussels in sauce poulette

- 3 litres mussels (thoroughly washed under running water)
- 1 onion
- 2 knobs of butter
- 1 glass of white wine
- 1tbsp flour
- 2 egg yolks
- ½ a lemon
- 200ml crème fraîche
- a bouquet garni
- parsley
- salt and pepper

In a large pot sweat the chopped onions and let them soften. Add pepper but not salt, the white wine and a bouquet garni and bring to the boil. Add the mussels and open them over a high heat. Put them in a deep serving dish, cover and keep warm over a saucepan of boiling water.

Prepare a roux with a knob of butter and the flour and moisten with the filtered cooking juice from the mussels.

In a bowl make a liaison with the egg yolks, the lemon juice, and the crème fraîche and incorporate it into the sauce. Warm for a few more seconds over a very gentle heat, stirring continuously and taking care not to let the sauce boil. Sprinkle with chopped parsley, pour over the mussels and serve. The sauce should be nice and velvety.

Magrets au cidre

- 3 magrets de canard de 350 g à 400 g chacun
- 40 g de beurre
- 2 échalotes
- 1 bouteille de cidre sec
- 4 cuil. de fond de veau
- 15 cl de crème fraîche

Faites dorer les magrets sur feu vif, laissez cuire 10 minutes environ côté peau. Retirez-les, salez, poivrez, gardez-les au chaud sur le plat de service à l'entrée du four.

Jetez la graisse de cuisson, remettez dans la poêle une noix de beurre et laissez-y dorer à peine les échalotes hachées menu.

Mouillez avec le cidre et le fond de veau, salez, poivrez, laissez réduire de moitié sur feu vif. Ajoutez la crème fraîche (qui ne doit pas bouillir), laissez encore réduire quelques minutes, rectifiez l'assaisonnement. Servez les magrets nappés de sauce.

Duck breast with cider

- 3 350-400g duck breasts
- 40g butter
- 2 shallots
- 1 bottle dry cider
- 4 veal stock cubes
- 150ml crème fraîche

Brown the duck breasts over a high heat and leave to cook for about 10 minutes, skin-side down. Depending on your preference you can cook them rare or pink. Remove them from the pan, season, and keep warm in a serving dish in the oven door. Throw away the cooking fat and add a knob of butter to the pan and slightly brown the finely chopped shallots. Moisten with the cider and the veal stock, season and leave to reduce by half over a high heat. Add the crème fraîche and leave to reduce for another few minutes (making sure the crème fraîche doesn't boil). Season to taste. Serve the duck topped with sauce.

Poule au blanc

- 1 grosse vieille poule
- 6 carottes
- 4 poireaux
- 4 navets
- 2 jaunes d'œuf
- 2 dl de crème fraîche
- 1 oignon
- 2 clous de girofle
- bouquet garni
- sel, poivre

Dans un grand faitout, mettez 2 l d'eau, l'oignon piqué de 2 clous de girofle, du sel, du poivre, le bouquet garni. A ébullition, ajoutez la poule. Laissez cuire 1 heure et demie. Ajoutez alors, dans le faitout, les carottes, les navets, les poireaux liés en bottes. Comptez encore 1 heure de cuisson.
Quelques minutes avant de servir, préparez une sauce en mélangeant les jaunes d'œuf et la crème dans une petite casserole. Salez, poivrez sans ménagement, chauffez à feu très doux, sans cesser de tourner, surtout ne laissez pas bouillir.
Servez la poule découpée, entourée de ses légumes, et la sauce à part.

Chicken in white sauce

- 1 plump mature chicken
- 6 carrots
- 4 leeks (in a bunch)
- 4 turnips
- 2 egg yolks
- 200ml crème fraîche
- 1 onion
- 2 cloves
- a bouquet garni
- salt and pepper

Add 2 litres of water, the onion garnished with the cloves, salt, pepper and the bouquet garni to a large pot. Bring to the boil and then add the chicken and leave to cook for an hour and a half. Next add the carrots, the turnips and the bunch of leeks and leave to cook for another hour.

A few minutes before serving make a sauce by mixing the egg yolks and the crème fraîche in a small saucepan. Season liberally and warm over a very gentle heat, stirring continuously. Make sure that the sauce doesn't boil.

Carve the chicken and serve surrounded by vegetables with the sauce in a separate dish.

Poulet vallée d'Auge

- 1 poulet d'environ 2 kg
- 50 g de beurre
- 250 g de champignons
- 50 cl de cidre
- 1 verre à liqueur de calvados
- 2 échalotes
- 1 jaune d'œuf
- 20 cl de crème fraîche
- sel, poivre

Recette de tante Gaby

Faites couper le poulet en morceaux, frottez chaque morceau de sel et de poivre.

Dans une cocotte, faites revenir au beurre les morceaux de poulet. Quand ceux-ci sont bien dorés, arrosez-les avec le calvados tiédi et flambez. Ajoutez ensuite les échalotes émincées, mouillez avec le cidre et laissez mijoter à couvert 30 minutes environ, en retournant à mi-cuisson.

Pendant ce temps, nettoyez les champignons, faites-les cuire quelques minutes dans une noix de beurre. 5 minutes avant la fin de la cuisson du poulet, ajoutez les champignons dans la cocotte. Faites une liaison avec le jaune d'œuf et la crème et incorporez-la à la sauce qui ne doit plus bouillir.

Si le poulet est jeune et tendre, on peut le laisser entier.

Auge valley chicken

- 1 chicken weighing about 2kg
- 50g butter
- 250g mushrooms
- 500ml cider
- 1 measure of calvados
- 2 shallots
- 1 egg yolk
- 200ml crème fraîche
- salt and pepper

One of Aunt Gabby's recipes

Cut the chicken into pieces and rub each piece with salt and pepper.

In a casserole dish brown the chicken in butter. When it is golden douse with the calvados and flambé. Then add the finely chopped shallots, moisten with the cider, cover and leave to simmer for about half an hour, stirring half way through.

In the meantime, wash the mushrooms and cook them for a few minutes in a knob of butter. Add the mushrooms to the casserole dish 5 minutes before the chicken has finished cooking. Make a liaison with the egg yolk and the crème fraîche and add to the stock which you should no longer allow to boil.

If the chicken is young and tender you can leave it whole

Gigot de pré-salé à la mode normande

- 1 beau gigot de 1,5 kg
- 2 gousses d'ail
- 1 grosse noix de beurre
- 1 verre de cidre
- 1 verre de crème fraîche
- sel, poivre

Piquez le gigot, un beau gigot des environs du mont Saint-Michel, de menus éclats d'ail. Frottez-le de sel et poivre, enduisez-le de beurre fondu. Enfournez-le à four chaud pour une quinzaine de minutes, retournez-le. Quand il a pris une belle couleur, entr'ouvez un peu la porte du four pour faire baisser la température et laissez cuire encore en arrosant souvent.

Déglacez le plat de cuisson avec le cidre, faites réduire légèrement. Ajoutez la crème fraîche, donnez juste un bouillon. Servez la sauce à part.

Accompagnez de haricots blancs, d'ailleurs appelés « pois à gigot ».

Variante : le gigot d'Yvetot se cuit aussi en pot, avec les légumes classiques d'un pot au feu, mais dans un bouillon que l'on parfume d'un petit verre de calvados.

Temps de cuisson : 15 minutes par livre.

Norman style leg of salt meadow lamb

- 1 choice leg of lamb (preferably from the area around Mont Saint-Michel)
- 2 cloves of garlic (cut into small cubes)
- a large knob of butter
- 1 glass of cider
- 1 glass of crème fraîche
- salt and pepper

Stick the leg of lamb with the garlic, rub with salt and pepper and coat with melted butter. Roast for about 15 minutes in a hot oven and then turn. When the lamb is nicely coloured open the oven door slightly to lower the temperature and leave to cook, regularly sprinkling with water.
Glaze the cooking dish with the cider and gently reduce the liquid. Add the crême fraîche and bring just about to the boil. Serve the sauce separately and the lamb with white beans.

Variation: Yvetot style leg of lamb is also cooked in a pot, with the typical vegetables from a pot au feu, but in a stock flavoured with a small glass of calvados. Cooking time: 15 minutes per lb.

Truites normandes

- 6 truites
- 50 g de beurre
- 1 verre à liqueur de calvados
- 15 cl de crème
- 1 citron
- muscade
- lait
- farine
- sel, poivre

Videz les truites, lavez-les et séchez-les bien. Trempez-les dans du lait, puis roulez-les dans de la farine. Salez, poivrez. Faites-les cuire, dans une poêle, au beurre très chaud, quelques minutes de chaque côté. Flambez au calvados, arrosez de crème, puis de jus de citron. Saupoudrez de muscade. Servez aussitôt, accompagné de pommes vapeur.

Truite de mer à la crème de persil

- 1 kg de filets de truite de mer
- 50 cl de crème fraîche
- 1 botte de persil
- sel, poivre

Hachez très finement le persil. Dans une petite casserole, faites chauffer doucement la crème fraîche, salez, poivrez, incorporez-y le persil. Laissez mijoter à tout petit feu jusqu'à ce que la sauce devienne onctueuse.

Faites cuire à la vapeur 5 à 6 minutes les filets de truite de mer. Servez-les nappés de sauce et accompagnés de haricots verts ou d'épinards.

Norman trout

- 6 trout
- 50g butter
- 1 measure of calvados
- 150ml cream
- 1 lemon
- nutmeg
- milk
- flour
- salt and pepper

Gut the trout, wash them and dry them thoroughly. Soak them in milk then roll them in flour and season. Cook the fish in butter for a few minutes on each side in a jumping hot frying pan. Flambé with the calvados, cover with cream and lemon juice and sprinkle with nutmeg.

Serve immediately with boiled potatoes.

Sea trout in a parsley cream

- 1 kg sea trout fillets
- 500ml crème fraîche
- 1 sprig parsley
- salt and pepper

Finely chop the parsley. In a small saucepan gently heat the crême fraîche, season and stir in the parsley. Leave to simmer over a very gentle heat until the sauce becomes unctuous.

Steam the trout fillets for 5 to 6 minutes and serve topped with the sauce with green beans or spinach.

Andouillettes à la mode de Carentan

- 6 andouillettes
- 6 grosses pommes à chair ferme
- 100 g de beurre
- 3 cuil. à soupe de moutarde forte
- sel, poivre

Coupez les pommes épluchées en rondelles épaisses que vous ferez sauter à la poêle avec 50 g de beurre. Fendez en deux les andouillettes.
Disposez les pommes dans un plat allant au four, posez dessus les andouillettes, badigeonnez avec le beurre restant mélangé avec la moutarde. Faites cuire 20 minutes à four chaud.

Veau bonne femme

- 1 kg de rouelle de veau
- 500 g de jarret de veau
- 50 g de beurre
- 4 oignons
- 500 g de carottes
- bouquet garni
- sel, poivre

Dans une grande cocotte, faites revenir les morceaux de viande, puis les oignons. Mouillez avec du bouillon chaud. Ajoutez sel, poivre, bouquet garni, carottes en rondelles. Couvrez la cocotte, fermez-la hermétiquement avec un cordon de pâte fait de farine et d'eau. Laissez cuire à feu très doux, très longtemps, 3 heures au moins.

On peut préparer de la même façon une rouelle de porc.

Carentan style andouillettes

- 6 andouillettes
- 6 large firm apples
- 100g butter
- 3tbsp strong mustard
- salt and pepper

Cut the peeled apples into thick rounds and brown in a frying pan with 50g of the butter. Cut the andouillettes in half.
Arrange the apple in an oven-proof dish and place the andouillettes on top. Brush with the remaining butter mixed with the mustard, and cook for 20 minutes in a hot oven.

Veal à la Bonne femme

- 1kg sliced calf's leg
- 500g veal shin
- 50g butter
- 4 onions
- 500g carrots (cut into rounds)
- a bouquet garni
- salt and pepper

In a large casserole dish, brown the pieces of meat and then the onions. Moisten with warm stock and add the carrot rounds, salt, pepper, and the bouquet garni. Cover the dish and seal it hermetically with a cord of pastry made from flour and water. Leave to cook over a gentle heat for at least 3 hours.

Soles à la normande

- 3 belles soles
- 1,5 l de moules
- 200 g de champignons
- 200 g de crevettes
- 3 douzaines d'huîtres
- 18 écrevisses
- 12 éperlans
- 150 g de truffes noires.

Pour le fumet :
- ½ l de vin blanc
- 1 oignon
- 1 carotte
- bouquet garni
- têtes et parures de poisson données par le poissonnier
- sel, poivre

Pour la sauce :
- 30 g de beurre
- 20 g de farine
- 2 jaunes d'œuf
- 50 cl de crème fraîche
- ½ citron

Préparez le fumet avec les têtes et parures de poissons, la carotte et l'oignon émincés, le vin blanc, sel, poivre et bouquet garni. Laissez frémir une bonne demi-heure.

Faites ouvrir les moules sur feu vif. Décoquillez-les, réservez le jus rendu, après l'avoir filtré. Pochez les crevettes dans le fumet pendant 5 minutes. Décortiquez-les. Ouvrez les huîtres, pochez-les dans leur eau, 2 minutes à frémissement. Réservez cette eau. Cuisez les écrevisses, une quinzaine de minutes, dans le fumet.

Nettoyez les champignons, émincez-les, faites-les étuver au beurre 10 minutes environ.

Mélangez le fumet et les jus de cuisson des huîtres, des moules, des champignons, faites réduire.

Dans un plat à gratin beurré, disposez les soles ébarbées et fendues, recouvrez-les avec le mélange fumet-jus de cuisson, faites cuire à four chaud une vingtaine de minutes. Sortez les soles, enlevez l'arête centrale, dressez-les dans un plat de service allant au four, entourées des moules, huîtres, crevettes, champignons, écrevisses.

…/…

Sole à la normande

- 3 choice sole
- 1½ litres mussels
- 200g mushrooms
- 200g prawns
- 3 dozen oysters
- 18 crayfish
- 12 smelts
- 150g black truffles

For the fumet:
- 500ml white wine
- 1 onion (thinly sliced)
- 1 carrot (thinly sliced)
- a bouquet garni
- fish trimmings (ask your fishmonger for fish bones and heads)
- salt and pepper

For the sauce:
- 30g butter
- 20g flour
- 2 egg yolks
- 500ml crème fraîche
- ½ a lemon

Prepare the fumet by mixing the the fish trimmings, the carrot, the onion, the white wine, salt, pepper, and the bouquet garni. Leave to simmer for at least half an hour.

Open the mussels over a high heat, remove them from their shells, filter the juice and set aside. Poach the prawns in the fumet for 5 minutes then shell them. Open the oysters, heat the juice so it starts to simmer and poach the oysters for 2 minutes. Set the juice aside. Cook the crayfish in the fumet for about 15 minutes.

Wash and thinly slice the mushrooms and steam them for about 10 minutes in butter.

Mix the fumet and the cooking juices from the oysters, the mussels, and the mushrooms and reduce.

Trim and slice the sole and place in a buttered gratin dish, cover them with the reduced fumet / cooking juices and cook in a hot oven for 20 minutes.

Take out the sole, remove the central bones and arrange them in an oven proof serving dish surrounded by the mussels, oysters, prawns, mushrooms, and crayfish.

.../...

Coûteux et long à préparer, mais quelle fête !

.../... Avec beurre et farine, préparez un roux blanc que vous mouillerez du jus de cuisson des soles. Avec jaunes d'œuf, jus de citron et crème fraîche, faites une liaison, tiédissez-la de quelques cuillerées de sauce, puis mélangez le tout.
Nappez les poissons et leurs garnitures de cette crème onctueuse, passez 5 minutes à four doux.
Servez avec les éperlans passés à la grande friture, les croûtons de pain dorés au beurre.

Veau à l'oseille

- 1 kg de carré de veau
- 2 oignons
- 4 carottes
- ½ l de bouillon
- 1 verre à liqueur de calvados
- bouquet garni
- 50 g de beurre
- 500 g d'oseille
- 10 cl de crème fraîche
- 50 g de beurre
- sel, poivre

Dans une cocotte, faites dorer au beurre le morceau de veau et les oignons émincés. Ajoutez les carottes coupées en tranches, le bouquet garni, le sel et le poivre. Mouillez avec le bouillon et le calvados. Couvrez et faites mijoter à feu très doux pendant 2 heures.
Faites fondre au beurre l'oseille soigneusement lavée et équeutée. Salez légèrement, poivrez. Laissez cuire quelques minutes à feu minimum et réservez. Vous ajouterez la crème fraîche quand vous réchaufferez l'oseille, au moment de servir. Vous l'arroserez alors du jus de cuisson de la viande.

Expensive and lengthy to prepare but what a treat!

…/… Make a roux with the butter and the flour and moisten with the lemon juice and some cooking juice from the sole. Make a liaison with the egg yolks, lemon juice, and crême fraîche, warm it up with a few spoonfuls of the sauce and them mix into the sauce. Top the contents of the serving dish with this unctuous sauce and warm up in the oven for 5 minutes on a low setting.
In the meantime, deep fry the smelts, brown some croutons of bread in butter and serve with the fish.

Veal with sorrel

- 1kg veal
- 2 onions (finely chopped)
- 4 carrots (sliced)
- ½ litre stock
- 1 measure of calvados
- a bouquet garni
- a knob of butter
- 500g sorrel
- 100ml crème fraîche
- 50g butter
- salt and pepper

In a pot, brown the pieces of veal and the onions in butter. Add the carrots, the bouquet garni, the salt, and the pepper. Moisten with the stock and the calvados. Cover and simmer gently for 2 hours.
Wash the sorrel leaves thoroughly and remove the stalks and melt the sorrel in butter. Add a little salt and some pepper and leave to cook for a few minutes before putting to one side. Just before serving, warm up the sorrel and add the crême fraîche and some of the cooking juices from the meat.

Soles au plat au Quincy

- 6 soles de 180 g
- 4 échalotes
- 40 g de beurre
- 1 verre de vin blanc sec (Quincy)
- 25 cl de crème
- 1 cuil. à soupe de gruyère râpé
- sel, poivre

Une bonne recette de ma belle-fille

Demandez au poissonnier de dépouiller les soles des deux côtés et de couper la tête et la queue.

Dans un plat allant au four, faites fondre les échalotes hachées fin dans le beurre, sans laisser colorer. Couchez les soles dessus sans les superposer, mouillez avec le vin blanc, salez, poivrez. Mettez à four vif.

Dès que le vin bout, couvrez avec la crème, saupoudrez de râpé juste pour favoriser la coloration. Entr'ouvrez légèrement la porte du four pour en faire baisser la température et laissez cuire 25 minutes environ à four moyen.

Servez avec des pommes à l'anglaise.

Sole au plat with Quincy

- 6 180g sole
- 4 shallots
- 40g butter
- 1 glass of dry white wine (Quincy)
- 250ml crème fraîche
- 1tbsp grated Gruyère
- salt and pepper

One of my daughter-in-law's lovely recipes

Ask your fishmonger to skin both sides of the sole and to cut off the heads and the tails.

In an oven-proof dish soften the finely chopped shallots in butter without letting them brown. Lay the sole on top, without stacking them on top of one another, moisten with the white wine, season and place in a roaring oven.

As soon as the wine starts to boil, cover with the crème fraîche and sprinkle with grated cheese to give the coating an appetising colour. Leave the door of the oven slightly ajar to lower the temperature and leave to cook for about 25 minutes on a medium setting.

Serve with boiled potatoes.

Lapin à la normande

- 1 lapin de 1,5 kg environ
- 1 bouteille de cidre brut
- 3 échalotes
- 6 pommes
- 2 cuil. à soupe de gelée de groseille
- farine
- beurre
- huile
- moutarde
- thym, laurier
- sel, poivre

Coupez le lapin en morceaux et passez ces morceaux dans la farine. Dans une cocotte, faites-les dorer à feu doux, dans un mélange de beurre et d'huile. Ajoutez dans la cocotte les échalotes émincées, laissez-les dorer, puis mouillez le tout avec le cidre qui doit juste affleurer les morceaux de lapin, salez, poivrez, saupoudrez de thym émietté et d'une feuille de laurier pulvérisée. Laissez mijoter à petit feu 35 à 40 minutes.

Dans une poêle, faites revenir au beurre les pommes pelées et coupées en gros quartiers, poivrez-les simplement, gardez-les au chaud à couvert.

Mélangez 1 cuillère à café de farine et 1 cuillère à café de moutarde avec 2 cuillères à soupe de gelée de groseille ; incorporez ce mélange au jus de cuisson du lapin et amenez à ébullition 1 ou 2 minutes, en fouettant la sauce qui doit être veloutée

Réchauffez rapidement les morceaux de lapin dans cette sauce et servez sur un plat chaud, entouré des quartiers de pommes bien dorés.

Rabbit à la normande

- 1 rabbit about 1.5kg
- 1 bottle dry cider
- 3 shallots
- 6 apples
- 2tbsp red currant jelly
- flour
- butter
- oil
- mustard
- thyme (stalked), bay leaves(crushed)
- salt and pepper

Chop the rabbit into pieces, roll the pieces in flour and brown them in a casserole dish in a mixture of oil and butter. Add the thinly sliced shallots, let them brown then moisten with the cider which should just cover the pieces of rabbit. Season, sprinkle with thyme and bay leaves and leave to simmer over a gentle heat for 35 to 40 minutes.

Peel and quarter the apples and, in a frying pan, brown them in butter, add some pepper, cover and keep warm.

Mix 1 teaspoon of flour and 1 teaspoon of mustard with 2 teaspoon of red currant jelly, add this mixture to the cooking juices from the rabbit and boil for 1 or 2 minutes, whisking the sauce which should be velvety.

Quickly reheat the pieces of rabbit in the sauce and serve on a warm plate, surrounded by golden apple quarters.

Poulet aux fruits de mer

- 1 gros poulet coupé en morceaux
- 6 coquilles saint-jacques
- 1 l de moules
- 6 langoustines
- 1 verre de vin blanc
- 3 échalotes
- 60 g de beurre
- 20 cl de crème fraîche
- 1 jaune d'œuf
- 1 citron
- 1 cuil. à soupe de fécule
- bouquet garni
- sel, poivre

Dans une cocotte, faites dorer les morceaux de poulet. Réservez. Faites revenir les saint-jacques en rondelles. Réservez. Faites fondre, dans la cocotte, les échalotes finement émincées. Remettez les morceaux de poulet, mouillez avec le vin blanc, salez, poivrez, ajoutez un bouquet garni et laissez mijoter à feu très doux 1 heure environ.

Pendant ce temps, faites ouvrir les moules à feu vif en secouant souvent le faitout. Réservez.

Jetez les langoustines dans de l'eau bouillante salée, laissez cuire 5 minutes, égouttez. Décortiquez les queues, coupez-les en deux.

Lorsque le poulet est cuit, sortez les morceaux de la cocotte, enlevez le bouquet garni. Versez dans la sauce un demi-verre de l'eau de cuisson (filtrée) des moules, dans laquelle vous aurez délayé une cuillerée de fécule. Incorporez la crème, laissez mijoter quelques minutes en remuant. Réchauffez dans la sauce poulet, Saint-Jacques, langoustines et moules.

Au moment de servir, incorporez la liaison obtenue en délayant le jaune avec un peu de jus de citron et quelques cuillerées de sauce chaude.

Chicken with seafood

- 1 large chicken cut into pieces
- 6 scallops
- 1 litre mussels
- 6 langoustines
- 1 glass of white wine
- 3 shallots
- 60g butter
- 200ml crème fraîche
- 1 egg yolk
- 1 lemon
- 1tbsp starch
- a bouquet garni
- salt and pepper

In a casserole dish, brown the pieces of chicken in butter and set them aside. Then do the same with the scallop rounds. Melt the thinly sliced shallots in the casserole dish, add the chicken and a bouquet garni, season, moisten with the white wine and leave to cook over a very gentle heat for about an hour.

In the meantime, open the mussels over a high heat shaking the pot regularly, then set them aside. Add the langoustines to salted boiling water, leave to cook for 5 minutes then drain, remove the tails and cut in half. When the chicken is cooked through remove the pieces from the dish along with the bouquet garni. Filter the cooking juice from the mussels, take half a glass-full, add the starch and then pour into the sauce. Fold in the cream and leave to simmer for a few minutes, stirring regularly. Return the chicken, the scallops, the langoustines, and the mussels to the sauce long enough to reheat them.

Make a liaison by mixing the egg yolk with a little lemon juice and a few spoonfuls of the hot sauce. Just before serving add the liaison to the sauce to make it even more unctuous.

Morue à la mode de Honfleur

- 750 g de morue
- 1 kg de pommes de terre
- 2 oignons
- 80 g de beurre
- ½ l de vin blanc
- 1 verre à liqueur de calvados
- persil
- sel, poivre

Faites tremper la morue pendant 12 heures dans de l'eau froide plusieurs fois renouvelée. Couvrez la morue d'eau, portez à ébullition, retirez du feu et laissez la morue pocher une dizaine de minutes dans l'eau. Egouttez-la et effeuillez-la.

Dans un plat à four généreusement beurré, disposez les pommes de terre coupées en rondelles, puis la morue, puis un hachis d'oignons et de persil, du sel et du poivre. Arrosez avec le vin blanc qui doit arriver juste à hauteur. Parsemez de noisettes de beurre et mettez à four modéré pour 1 heure environ. 10 minutes avant la fin de la cuisson, arrosez de calvados, en prenant soin de sortir le plat du four pour que l'alcool ne s'enflamme pas.

Servez dans le plat de cuisson, saupoudré de persil haché.

Honfleur-style cod

- 750g cod
- 1kg potatoes (cut into rounds)
- 2 onions (finely chopped)
- 80g butter
- ½ litre white wine
- 1 measure of calvados
- parsley (finely chopped)
- salt and pepper

Soak the cod in cold water for about 12 hours, changing the water several times. Cover the cod with water, bring to the boil, take off the heat and leave the cod to poach in the water for about 10 minutes. Drain the fish and bone it.

Put the potatoes in a generously buttered oven-proof dish and add the cod, the onions, and parsley and season. Douse with white wine which should cover the contents entirely. Dot with butter and bake for about an hour on a medium setting.

After about 50 minutes, douse with calvados, taking care to remove the dish from the oven so that the alcohol does not catch fire.

Serve in the dish used for cooking, sprinkled with chopped parsley.

Desserts

Bourdelots

- 400 g de pâte feuilletée
- 6 poires à cuire (poires de curé ou poires de cloche)
- 1 jaune d'œuf
- beurre
- sucre

Pelez et évidez les poires en laissant la queue, roulez-les dans le sucre, glissez à l'intérieur une noisette de beurre.
Etalez la pâte en couche assez mince. Découpez 6 carrés et enfermez chaque poire dans un carré en entourant bien le fruit et en laissant seulement dépasser la queue. Dorez au jaune d'œuf.
Enfournez à four modéré, laissez cuire 45 minutes.

Reinettes caramélisées

- 6 grosses pommes reinettes
- 60 g de beurre
- 4 cuil. à soupe de sucre
- ½ verre de calvados
- crème anglaise
- gelée de groseille

Evidez les pommes, coupez-les en tranches épaisses sans les éplucher, faites-les dorer au beurre chaud dans une poêle. Saupoudrez de sucre et faites caraméliser. Flambez avec le calvados tiédi.
Servez très chaud, sur des assiettes chaudes.
Proposez en même temps une jatte de crème anglaise et une saucière de gelée de groseille.

Bourdelots

- 400g puff pastry
- 6 cooking pears
- 1 egg yolk
- butter
- sugar

Peel and core the pears leaving the stalks, roll them in sugar and place a knob of butter inside them. Roll out the pastry in a fairly thin sheet. Cut out 6 squares and wrap each pear in pastry making sure you cover the whole of the fruit, leaving just the stalk sticking out. Brush with the egg yolk and bake in the oven on a medium setting for 45 minutes.

Caramelised apples

- 6 large pippins apples
- 60g butter
- 4tbsp sugar
- ½ glass of calvados
- custard
- red currant jelly

Core the apples and cut them into thick slices, leaving the skin on, then brown them in warm butter. Sprinkle with sugar and caramelise then flambé with the slightly warm calvados. Serve piping hot on warm plates with a small bowl of custard and a small bowl of red currant jelly.

Galette d'Epiphanie

- 350 g de farine
- 250 g de beurre
- 1 œuf
- 2 cuil. à café de sel
- ¼ l d'eau

Faites un puits avec la farine, mettez-y l'eau, le sel, 50 g de beurre, le blanc de l'œuf. Mélangez, faites une pâte, couvrez et laissez reposer 30 minutes.

Sur votre planche à pâtisserie bien farinée, abaissez votre pâte. Aplatissez le reste de beurre à la taille de la moitié de votre pâte. Repliez celle-ci sur le beurre, étendez cette pâte garnie de beurre avec le rouleau, pliez-la en quatre. C'est ce qu'on appelle un tour.

Recommencez l'opération 6 fois en été, 7 fois en hiver, en laissant reposer la pâte 15 minutes entre chaque tour.

Quand tous les tours ont été donnés, aplatissez la pâte au rouleau pour faire votre galette, donnez-lui sa forme, elle doit avoir l'épaisseur d'un doigt. Ornez le dessus d'incisions en carrés, dorez au jaune d'œuf, enfournez à four chaud pour 20 minutes environ, puis entr'ouvrez la porte du four et laissez cuire encore 20 minutes en surveillant la couleur.

N'oubliez pas d'y glisser une fève !

Galette d'Epiphanie

(cake eaten in France on Twelfth Night)

- 350g flour
- 250g butter
- 1 egg
- 2tbsp salt
- 250ml water

Make a well with the flour and put the water, salt, 50g butter, and the egg white in the centre. Mix together to make pastry, cover and leave to rest for half an hour.

Roll out the pastry on a well floured pastry board. Flatten the rest of the butter so it covers half of the pastry. Fold the pastry over the butter, re-roll with a rolling pin and fold in four. This is known as a "tour".

Repeat 6 times in summer or 7 in winter; leave the pastry to rest for 15 minutes between each "tour".

When all the "tours" are finished, flatten the pastry with the rolling pin to make the galette, shape to a thickness of a finger.

Decorate the top with square incisions, brush with the egg yolk and bake for about 20 minutes in a hot oven. Then, open the oven door slightly and leave to cook for a further 20 minutes taking care to check the colour.

Don't forget to hide a charm inside !

Croustillons

- 200 g de farine
- 200 g de sucre
- 100 g de beurre
- 4 blancs d'œuf
- ½ paquet de levure
- 1 cl de lait
- 1 paquet de sucre vanillé

Dans une terrine, battez au fouet le beurre tiédi avec le sucre. Ajoutez la farine, la levure et le lait, faites un mélange bien homogène. Incorporez enfin, sans les casser, les blancs battus en neige très ferme.

Déposez la pâte en petits tas réguliers sur une plaque bien beurrée et enfournez à four doux pour 25 minutes.

Mirlitons de Cherbourg

- 300 g de pâte feuilletée
- 4 jaunes d'œuf
- 2 blancs d'œuf
- 125 g de sucre
- 100 g de macarons
- 100 g de beurre
- sel

Battez les jaunes d'œuf, le sucre et une pointe de sel. Ajoutez le beurre fondu, les macarons écrasés et les blancs montés en neige très ferme. Foncez avec la pâte feuilletée des moules à tartelette assez creux. Piquez-en le fond avec une fourchette, puis garnissez avec la préparation. Saupoudrez fortement de sucre glace et enfournez à four doux pour 25 minutes.

Croustillons

- 200g flour
- 200g sugar
- 100g butter
- 4 egg whites
- ½ packet yeast
- 100ml milk
- 1 packet vanilla sugar

In a terrine, whisk the sugar and warm butter together. Add the flour, the yeast and the milk and make sure the mixture is smooth. Whisk the egg whites to a stiff foam and carefully fold them into the mixture.

Lay out the mix in small even piles on a well-buttered baking tray and bake on a low setting for 25 minutes.

Cherbourg mirlitons

- 300g puff pastry
- 4 egg yolks
- 2 egg whites
- 125g icing sugar
- 100g macaroons
- 100g butter
- salt

Beat the egg yolks, the sugar and a pinch of salt. Melt the butter and whisk the egg whites to a stiff foam and add both to the mixture along with the crushed macaroons. Line several deep flan dishes with the pastry, prick the pastry with a fork and top with the mixture. Sprinkle generously with icing sugar and bake on a low setting for 25 minutes.

Crêpe normande

- 1 œuf
- 1 grosse pomme
- 2 cuil. à soupe de sucre
- 3 cuil. à soupe de farine
- 3 cuil. à soupe de lait
- cannelle ou vanille
- 1 pincée de sel
- 1 noix de beurre

Mélangez farine et jaune d'œuf, ajoutez petit à petit le sucre, le lait, le sel, la cannelle ou la vanille.

Epluchez la pomme, détaillez-la en fines lamelles que vous jetterez dans la pâte. Incorporez à celle-ci le blanc battu en neige très ferme.

Faites fondre le beurre dans une poêle moyenne. Quand le beurre est chaud, versez votre pâte, couvrez la poêle et laissez cuire à petit feu 10 minutes d'un côté, 10 minutes de l'autre. Servez très chaud, généreusement saupoudré de sucre.

Pour un dessert de fête, on peut faire macérer les tranches de pomme dans du calvados, avant de les jeter dans la pâte. Puis, sur la table, on arrose les crêpes avec ce calvados et on fait flamber.

Le dessert préféré des enfants, à préparer pendant qu'ils mangent la soupe.

Norman crepe

- 1 egg
- 1 large apple
- 2tbsp sugar
- 3tbsp flour
- 3tbsp milk
- cinnamon or vanilla
- a pinch of salt
- a knob of butter

Mix the flour and the egg yolk and add the sugar, the milk, the salt, and the cinnamon / vanilla bit by bit.

Peel the apple, cut into thick slices and add to the mix. Incorporate the egg whites whisked to form a stiff foam.

Melt the butter in a medium sized frying pan. When the butter is hot pour in the crepe mix and cook on a very gentle heat for 10 minutes on one side and 10 minutes on the other. Serve piping hot, generously sprinkled with sugar.

For a special pudding, you could soak the apple slices in calvados before adding them to the mix. Then, just before serving, douse the crepes with calvados and flambé them.

A children's favourite that you can make while they're eating soup.

Clafoutis aux poires

- 6 poires
- 100 g de farine
- 100 g de beurre
- 100 g de sucre
- ¼ l de lait
- 2 œufs entiers
- ½ citron

Epluchez les poires, coupez-les en petits dés, arrosez-les de jus de citron pour qu'elles ne noircissent pas. Mélangez dans une terrine les œufs entiers, battez-les énergiquement avec le sucre, ajoutez la farine, puis le beurre amolli, le lait. Dans la pâte, jetez les dés de poire. Versez dans un moule à manqué bien beurré. Faites cuire 20 à 30 minutes à four chaud. Pour vérifier la cuisson, plongez une aiguille dans le gâteau, elle doit ressortir nette.

Galette de tante Lily

- 250 g de farine
- 20 g de levure de boulanger
- 3 œufs
- 100 g de sucre
- 125 g de beurre
- 1 cuil. à café de sel
- 1 jaune d'œuf

Mélangez, dans une grande terrine, farine, sel et œufs entiers, puis le sucre et la levure délayée dans un peu d'eau tiède. Laissez lever votre pâte toute la nuit dans la terrine recouverte d'un torchon.

Au dernier moment, incorporez le beurre ramolli et ajoutez un peu de farine pour que votre pâte ne colle pas. Dorez le dessus de la galette au jaune d'œuf et enfournez à four moyen pour 1 heure environ.

Pear clafoutis

- 6 pears
- 100g flour
- 100g butter
- 100g sugar
- 250ml milk
- 2 eggs
- ½ a lemon

Peel the pears, dice them and douse them with lemon juice so they don't brown. In a terrine, beat the sugar into the eggs, add the flour, the softened butter and the milk. Add the pear to the mix and pour into a well-buttered sandwich tin. Bake for 20 to 30 minutes in a hot oven. To check if it's cooked stick a needle into the cake and if it's ready you will be able to slide the needle straight out.

Aunt Lily's Galette

- 250g flour
- 20g baker's yeast
- 3 eggs
- 100g sugar
- 125g butter
- 1tsp salt
- 1 egg yolk

In a large terrine mix the flour, salt, and whole eggs and then the sugar and the yeast, dissolved in a little warm water. Cover the terrine with a tea towel and leave the pastry to rise overnight.

At the last minute add the softened butter and a little more flour so the pastry doesn't stick. Brush the top of the galette with the egg yolk and bake on a medium setting for about an hour.

Tarte rustique aux poires

- 300 g de pâte brisée
- 3 poires mûres à point
- 250 g de fromage blanc égoutté
- 2 jaunes d'œuf
- 2 cuil. à soupe de sucre
- 1 cuil. à soupe de calvados
- ½ citron

Epluchez les poires, coupez-les en 2, retirez cœurs et pépins, citronnez-les pour les empêcher de noircir.
Mélangez fromage blanc égoutté, jaunes d'œuf, sucre et calvados.
Sur le fond de tarte que vous aurez pré-cuit à four chaud, disposez les moitiés de poire côté bombé vers le haut, versez votre mélange fromage blanc et œufs autour des poires. Saupoudrez de sucre.
Faites cuire à four chaud 10 minutes environ.

Douillons

- 400 g de pâte feuilletée
- 6 pommes
- 1 jaune d'œuf
- sucre
- beurre

Pelez et évidez les pommes en laissant la queue, glissez à l'intérieur une noisette de beurre et un peu de sucre ; étalez la pâte feuilletée au rouleau, découpez dedans 6 carrés. Enfermez soigneusement les pommes dans la pâte en laissant seulement dépasser la queue. Dorez au jaune d'œuf.
Faites cuire à four doux 45 minutes environ.

Rustic pear tart

- 300g shortcrust pastry
- 3 nicely ripe pears
- 250g drained fromage blanc
- 2 egg yolks
- 2tbsp sugar
- 1tbsp calvados
- ½ a lemon

Peel the pears, cut them in half, remove the cores and the seeds and douse them with lemon juice to stop them browning. Mix the drained fromage blanc, the egg yolks, the sugar, and the calvados together.

Meanwhile, roll out the pastry and pre-bake in a hot oven. Arrange the pear halves (rounded side up) on the pastry, pour the fromage blanc and egg mixture on top and sprinkle with sugar. Bake in a hot oven for about 10 minutes.

Douillons

- 400g puff pastry
- 6 apples
- 1 egg yolk
- sugar
- butter

Peel and core the apples leaving the stalk and stuff with a knob of butter and a little sugar. Roll out the pastry with a rolling pin and cut out 6 squares. Wrap each apple in pastry making sure to cover the whole of the fruit, leaving just the stalk sticking out. Brush with the egg yolk and bake for about 45 minutes on a low setting.

Compote pommes-poires

- 4 pommes reinettes
- 4 poires
- 1 citron
- 50 g de beurre
- 4 cuil. à soupe de sucre
- 1 paquet de sucre vanillé
- 1 pointe de cannelle

Epluchez les fruits, coupez les pommes en quartiers, les poires en très petits dés. Arrosez-les, au fur et à mesure, de jus de citron pour les empêcher de noircir. Mettez les pommes à cuire avec le beurre, le sucre, la pointe de cannelle et 2 à 3 cuillères à soupe d'eau. Au bout de 10 minutes, ajoutez les poires. Laissez cuire encore 5 minutes. Les pommes doivent être réduites en purée, tandis que les poires craqueront légèrement sous la dent.

Gourmandise de Jeanne

- 6 pommes
- 2 œufs
- 5 cuil. à soupe de farine
- 3 cuil. à soupe de sucre
- 1 verre de lait
- 1 cuil. à café de levure
- 1 pincée de sel
- un peu de confiture

Evidez les pommes que vous aurez lavées soigneusement, remplissez le cœur de confiture.

Dans une terrine, battez les jaunes avec le sucre, ajoutez ensuite la farine, le sel, le lait, la levure. Incorporez délicatement, sans les briser, les blancs battus en neige très ferme. Versez cette préparation entre les pommes dans un plat à four beurré. Faites cuire à four moyen 30 à 40 minutes.

Apple and pear compote

- 4 apples
- 4 pears
- 1 lemon
- 50g butter
- 4tbsp sugar
- 1 packet vanilla sugar
- 1 cinnamon stick

Peel the fruit and cut the apples into quarters and the pears into small cubes. Douse them with lemon juice as you go along to stop them browning. Cook the apples with the butter, the sugar, the cinnamon stick, and 2 or 3tbsp water. After 10 minutes' cooking add the pears and leave to cook for a further 5 minutes. The apples should be reduced to a purée but the pears should still be a little crunchy.

Jeanne's delicacies

- 6 apples
- 2 eggs
- 5tbsp flour
- 3tbsp sugar
- 1 glass milk
- 1tsp yeast
- a pinch of salt
- a little jam

Wash the apples thoroughly, remove the cores and fill them with jam.

In a terrine, beat the egg yolks with the sugar then add the flour, the slat, the milk, and the yeast. Whisk the egg whites to a stiff foam and gently fold into the mixture. Add the mixture and the apples to a buttered oven-proof dish and bake for 30 to 40 minutes on a medium setting.

Pommes belle madame

- 6 pommes
- 2 cuil. à soupe de farine
- 4 cuil. à soupe de sucre
- 90 g de beurre
- 1 poignée de raisins de Corinthe (éventuellement mis à tremper dans un peu de rhum)
- 3 œufs
- cannelle

Coupez en tranches les pommes, saupoudrez-les de sucre et de cannelle. Dans une terrine, mettez la farine, les raisins de Corinthe, les jaunes d'œuf et le beurre fondu. Battez les blancs d'œuf en neige très ferme, incorporez-les délicatement à la pâte.
Versez dans un moule à manqué beurré. Saupoudrez de sucre. Mettez à four chaud pour 25 minutes.

Tuiles de tante Juliett

- 1 bol de crème de lait bouilli
- 1 bol de sucre
- 1 bol de farine
- 1 noix de beurre

Mélangez le sucre avec la crème. Ajoutez la farine en tournant avec une cuillère de bois.
Beurrez généreusement la plaque du four et, avec une petite cuillère, posez-y des petits tas de pâte assez espacés, la pâte s'aplatissant à la chaleur. Enfournez à four chaud pour 5 à 8 minutes, les côtés doivent être bien dorés. Retirez du four et posez-les sur une bouteille pour les rouler.

Pommes belle madame

- 6 apples
- 2tbsp flour
- 4tbsp sugar
- 90g butter (melted)
- a handful of currants (that you could leave to soak in some rum)
- 3 eggs
- cinnamon

Slice the apples and sprinkle with sugar and cinnamon. In a terrine, mix the flour, the currants, the egg yolks, and the melted butter. Whisk the egg whites to a stiff foam and carefully fold them into the mix. Pour the mix into a buttered sandwich tin, sprinkle with sugar and bake in a hot oven for 25 minutes.

Aunt Juliet's wafer biscuits

- 1 bowl "crème cuite" (top of boiled unpasteurized milk)
- 1 bowl sugar
- 1 bowl flour
- a knob of butter

Mix the sugar with the cream and add the flour, stirring with a wooden spoon.
Generously butter a baking tray with a teaspoon and arrange small piles of the mix on it, evenly spacing them out. The mix will flatten when heated. Bake in a hot oven for 5 to 8 minutes. The sides should be nice and golden. Remove from the oven and roll the biscuits with a bottle.

Gâteau campagnard

- 500 g de pommes reinettes
- 150 g de sucre
- 1 pincée de muscade râpée
- 150 g de farine
- 150 g de beurre
- 1 dl de crème fraîche
- sel

Dans un plat en terre grassement beurré, mettez les pommes en tranches fines mélangées au sucre, saupoudrez d'une petite pincée de muscade. Glissez votre plat dans un four chaud. Pendant que vos pommes commencent à cuire, faites une pâte avec la farine, le beurre fondu, la crème, une pointe de sel. La pâte doit être très molle, si besoin est, ajoutez-lui un peu d'eau. Répandez-la sur les pommes et faites cuire 10 minutes à four chaud, puis 30 minutes à four doux, porte entr'ouverte.

Pommes au four

- 6 grosses pommes
- 2 verres de cidre
- 1 noix de beurre
- 2 cuil. à soupe de miel
- 2 cuil. à soupe de sucre

Lavez soigneusement les fruits, évidez-les au moyen du vide-pomme. Disposez les pommes dans un plat à four généreusement beurré, remplissez le cœur des fruits avec du miel, arrosez de cidre et mettez à four doux pour 30 minutes environ. Les pommes doivent caraméliser légèrement : 1 ou 2 fois en cours de cuisson, saupoudrez-les de sucre et arrosez-les.

Country cake

- 500g apples
- 150g sugar
- a pinch of grated nutmeg
- 150g flour
- 150g butter
- 100ml crème fraîche
- salt

Finely slice the apples, mix them with the sugar, sprinkle with a little pinch of nutmeg and place in a generously buttered earthenware dish. Put the dish into a hot oven. While the apples are starting to cook make some pastry by mixing the flour, the melted butter, the cream, and a pinch of salt. The pastry should be very soft, so, if necessary, add a little water. Spread the pastry over the apples and bake for 10 minutes on a high setting and then for half an hour on a low setting with the oven door slightly ajar.

Baked apples

- 6 large apples
- 2 glasses of cider
- a knob of butter
- 2tbsp honey
- 2tbsp sugar

Wash the fruit and remove the cores with an apple-corer. Put the apples in a generously buttered oven-proof dish, fill the centre of the apples with the honey, douse with cider and bake on a low setting for about half an hour. While cooking sprinkle the apples once or twice with sugar so that they are lightly caramelised and baste them with the cooking juice.

Beurré normand

- 4 grosses pommes
- 100 g de farine
- 150 g de sucre
- 4 œufs
- 50 g de beurre
- 1 poignée de raisins secs trempés dans 3 cuil. à soupe de calvados

Epluchez les pommes, coupez-les en dés que vous ferez sauter au beurre dans une poêle, à feu doux, quelques minutes. Dans une terrine, battez vigoureusement les jaunes d'œuf, le sucre et 1 pincée de sel. Incorporez la farine. Ajoutez délicatement à la pâte les raisins et les dés de pomme, puis, sans les casser, les blancs d'œuf battus en neige très ferme.

Versez dans un moule à bords hauts généreusement beurré. Faites cuire à four modéré 50 minutes.

Sablés de Caen

- 250 g de farine
- 125 g de sucre
- 125 g de beurre
- 1 œuf
- 1 pincée de sel
- parfum : zeste de citron, vanille ou cannelle

Travaillez dans une terrine œuf, sucre et sel. Ajoutez la farine, mélangez intimement. Versez le tout sur la planche à pâtisserie. Incorporez le beurre coupé en petits morceaux et le parfum. Travaillez pour former une pâte homogène. Couvrez et laissez reposer 1 heure. Abaissez votre pâte sur une épaisseur de 0,3 cm environ, découpez avec des moules de formes variées, disposez vos sablés sur une tôle beurrée. Enfournez à four chaud pour 10 minutes.

Beurré normand

- 4 large apples
- 100g flour
- 150g sugar
- 4 eggs
- 50g butter
- a handful of raisins soaked in 3tbsp calvados

Peel the apples, cut them into small cubes and sauté them in butter for a few minutes over a gentle heat. Whisk the egg whites to a stiff foam. In a terrine, beat the egg yolks, the sugar and a pinch of salt well and then add the flour. Carefully add the raisins and the apple to the mix, then the egg whites without breaking the foam. Pour the mix into a generously buttered deep tin and bake for about 50 minutes on a medium setting.

Caen shortbread

- 250g flour
- 125g sugar
- 125g butter (cut into small pieces)
- 1 egg
- a pinch of salt
- flavouring: lemon zest, vanilla or cinnamon

In a terrine, beat together the egg, sugar, and salt. Add the flour and mix well. Pour the mix onto a pastry board, work in the butter and the favouring and keep kneading until the pastry is smooth and even. Cover and leave to rest for an hour. Roll out the pastry to a thickness of about 3mm, cut out various shapes using different pastry moulds and arrange on a well-buttered baking tray. Bake in a hot oven for 10 minutes.

Tarte Félicia

Pour la pâte :
- 250 g de farine
- 125 g de beurre
- 1 jaune d'œuf
- 50 g de sucre
- 1 pincée de sel

Pour la garniture :
- 500 g de pommes
- 100 g de cerneaux de noix hachés
- 1 grosse poignée de raisins de Corinthe
- 50 g de sucre
- 50 g de beurre
- cannelle

Préparez une pâte sablée, laissez-la reposer 1 heure au frais. Faites gonfler les raisins dans de l'eau chaude. Pelez les pommes, émincez-les finement. Foncez votre moule à tarte avec la pâte, garnissez avec les fruits : pommes, raisins, noix. Saupoudrez d'une pincée de cannelle. Parsemez de noisettes de beurre et couvrez généreusement de sucre. Mettez à four chaud 30 à 40 minutes. Servez chaud ou froid avec une grande jatte de crème fraîche battue et sucrée.

Gourmandise cauchoise

- 6 grosses pommes
- 3 jaunes d'œuf
- 1 œuf entier
- 2 dl de crème fraîche
- 50 g de sucre
- 1 cuil. à soupe de farine
- 1 cuil. à soupe de lait
- 1 cuil. à soupe de calvados
- cannelle
- muscade

Dans une terrine, battez au fouet les jaunes d'œuf et l'œuf entier. Ajoutez la farine et le lait, puis le sucre, la crème fraîche et le calvados. Saupoudrez d'une pincée de cannelle et d'une pincée de muscade râpée. Epluchez les pommes, évidez-les, coupez-les en tranches épaisses que vous rangerez dans un plat à gratin généreusement beurré. Versez dessus l'appareil crème-œufs. Faites cuire à feu doux 35 minutes.

Tarte Félicia

For the pastry:
- 250g flour
- 125g butter
- 1 egg yolk
- 50g sugar
- a pinch of salt

For the filling:
- 500g apple
- 100g shelled walnuts
- a large handful of currants
- 50g sugar
- 50g butter
- cinnamon

Mix the pastry ingredients to make a shortcrust pastry mixture and leave to rest for an hour in the fridge. Swell the currants in hot water. Chop up the walnuts and peel and thinly slice the apples. Line the base of a cake tin with the pastry, garnish with the apples, currants, and nuts and sprinkle with a pinch of cinnamon. Dot with butter and cover generously with sugar and bake in a hot oven for 30 to 40 minutes. Serve hot or cold with a large bowl of whisked crême fraîche mixed with sugar.

Cauchois delicacies

- 6 large apples
- 3 egg yolks
- 1 egg
- 200ml crème fraîche
- 50g sugar
- 1tbsp flour
- 1tbsp milk
- 1tbsp calvados
- cinnamon
- nutmeg

In a terrine, whisk the egg yolk and the egg and add the flour and the milk, then the sugar, the crême fraîche, and the calvados. Sprinkle with a pinch of cinnamon and a pinch of grated nutmeg. Peel and core the apples and cut them into thick slices. Arrange the slices in a generously buttered gratin dish and pour over the mix. Cook on a low heat for 35 minutes.

Rissoles aux poires

Pour la pâte :
- 200 g de farine
- 100 g de beurre
- ½ verre d'eau
- 1 pincée de sel
- 1 jaune d'œuf

Pour la compote :
- 5 poires à cuire
- 100 g de sucre
- 150 g de raisins secs
- 1 zeste d'orange
- ½ bâton de cannelle (ou ½ cuil. à café de cannelle en poudre)

Recette de tante Emilienne

Faites cuire à feu doux dans une casserole couverte les poires épluchées et coupées en morceaux, les raisins secs, le zeste d'orange râpé et la cannelle, le tout mouillé d'un grand verre d'eau. Quand les fruits deviennent tendres, ajoutez le sucre et laissez évaporer le liquide pour obtenir une compote sèche.

Préparez une pâte brisée, laissez-la reposer 1 heure, puis abaissez-la au rouleau et découpez des ronds, avec une tasse à thé ou un bol, suivant la taille des chaussons que vous voulez obtenir.

Sur chaque rond, déposez une cuillerée de compote. Rabattez pour former les chaussons, soudez les bords à la fourchette. Dorez au jaune d'œuf. Laissez cuire 15 à 20 minutes dans un four chaud.

Variante : Ces rissoles peuvent être aussi cuites à la grande friture, auquel cas vous les égouttez bien et vous les saupoudrez largement de sucre glace. A éviter pourtant si votre repas était déjà un peu lourd.

Pear rissole

For the pastry:
- 200g flour
- 100g butter
- ½ a glass of water
- a pinch of salt
- 1 egg yolk

For the compote:
- 5 pears for cooking
- 100g sugar
- 150g raisins
- 1 orange zest
- ½ a cinnamon stick (or ½tsp powdered cinnamon)

One of Aunt Emilienne's recipes

Peel the pears and cut them into pieces, mix with the raisins, the grated orange zest, and the cinnamon in a saucepan, moisten with a large glass of water, cover and cook over a gentle heat. When the fruit starts to soften add the sugar and let the liquid boil off for a dry compote.

Make a shortcrust pastry mix, leave to rest for an hour then flatten out with a rolling pin. Using a tea cup or a bowl (depending on the size of the turnovers that you want) as a template cut the pastry into rounds and place a spoonful of compote on each round. Turn down to form turnovers, seal the sides using a fork and brush with the egg yolk. Leave to bake for 15 to 20 minutes in a warm oven.

Variation: You can also deep fry the rissoles, in which case be sure to drain them well and to generously sprinkle them with icing sugar. However, you might do better to avoid deep-frying them if you eat the rissoles after a hearty main course.

Tarte aux pommes d'autrefois

- 8 pommes reine des reinettes
- 3 jaunes d'œuf
- 100 g de sucre
- 25 g de poudre d'amandes
- 1 dl de crème fraîche
- 1 verre à liqueur de calvados

Pour la pâte :
- 300 g de farine
- 180 g de beurre
- 1 pincée de sel

Un dessert de fêtes

Commencez par préparer votre pâte : faites un puits avec la farine, mettez le beurre ramolli et le sel. Travaillez jusqu'à l'obtention d'une pâte homogène. Laissez reposer 1 heure.

Pendant ce temps, vous ferez une compote avec la moitié des pommes. Emincez les pommes qui restent et faites-les macérer dans le calvados mélangé à 50 g de sucre. Foncez votre tourtière avec la pâte, garnissez-la de compote, puis recouvrez de lamelles de pommes savamment disposées. Enfournez à four chaud pour 20 minutes environ.

Mélangez la crème fraîche, la poudre d'amandes, le reste de sucre et les 3 jaunes d'œuf.

Versez cet appareil sur la tarte au bout des 20 minutes de cuisson et remettez au four pour 15 minutes encore. Servez la tarte encore tiède.

Si vous aimez la pâte très croustillante, vous pouvez pré-cuire votre fond de tarte à blanc une dizaine de minutes.

Old-fashioned apple tart

- 8 apples
- 3 egg yolks
- 100g sugar
- 25g powdered almonds
- 100ml crème fraîche
- 1 measure calvados

For the pastry:

- 300g flour
- 180g butter
- a pinch of salt

dessert for special occasions

Start with the pastry by making a well out of the flour and putting the softened butter and the salt in the centre. Work the mixture until it is smooth and even and leave to rest for an hour.

In the meantime, make a compote with half of the apples. Thinly slice the remaining apples and soak them in the calvados mixed with 50g sugar. Cover the base of a pie dish with the pastry, spread over the compote and cover with the apple slices. Bake in a hot oven for about 20 minutes. In the meantime, mix the crême fraîche, the powdered almonds, the rest of the sugar, and the 3 egg yolks.

After 20 minutes' cooking pour this mixture over the tart and return to the oven for another 15 minutes. Serve the tart while still warm.

If you like the pastry crunchy you can blind bake the base of the tart for about 10 minutes.

Tourte mi-pommes mi-poires

- 3 pommes
- 3 poires
- 80 g de poudre d'amandes
- 80 g de beurre
- 120 g de sucre
- cannelle

Pour la pâte :
- 300 g de farine
- 150 g de beurre
- 1 pincée de sel
- ½ verre d'eau

Préparez une pâte brisée, laissez-la reposer 1 heure
Travaillez le beurre avec sucre et poudre d'amandes, afin d'obtenir une pâte homogène, ajoutez la cannelle. Pelez pommes et poires, coupez-les en deux, enlevez cœurs et pépins.
Avec les 2 / 3 de la pâte brisée, garnissez un moule à tarte un peu haut, ou un moule à manqué ; disposez-y les demi-fruits, côté bombé vers le haut, puis le mélange aux amandes. Recouvrez le tout du reste de pâte, soudez les bords avec un peu d'eau. Dorez au jaune d'œuf. Ménagez une cheminée au milieu pour laisser s'échapper la vapeur au cours de la cuisson. Enfournez à four chaud pour 45 minutes.

Dessert à présenter avec de la crème fraîche, ou mieux encore, de la crème chantilly.

Apple and pear pie

- 3 apples
- 3 pears
- 80g powdered almonds
- 80g butter
- 120g sugar
- cinnamon

For the pastry:
- 300g flour
- 150g butter
- a pinch of salt
- ½ a glass of water

Make a shortcrust pastry mix and leave it to rest for an hour. Work together the butter, the sugar, and the powdered almonds to make a smooth and even mixture and add the cinnamon. Peel the apples and the pears, cut them in half, core them and remove the pips.

Use 2/3 of the pastry to cover the base of a deep flan dish or sandwich tin, arrange the fruit halves on top, rounded side up, and pour over the almond mixture. Cover with the rest of the pastry, seal the sides with a little water and brush with the egg yolk. Insert a pie bird into the middle of the pie to allow the steam to escape during cooking. Bake in a hot oven for 45 minutes.

Delicious served with crème fraîche, or even better, with whipped cream.

Beignets de Jacquelin

- 250 g de farine
- 250 g de sucre
- 1 pincée de sel
- ¼ l de lait
- ¼ l de cidre
- 500 g de pommes
- 1 verre à liqueur de calvados

Mélangez dans une terrine la farine, 200 g de sucre et le sel. Creusez un puits dans lequel vous verserez progressivement le lait et le cidre. Couvrez et laissez reposer 1 heure. Pendant ce temps, pelez, évidez et coupez les pommes en rondelles et faites-les macérer dans le calvados mélangé à 50 g de sucre. Enrobez chaque rondelle de pomme dans la pâte et plongez dans la friture bien chaude. Egouttez et saupoudrez de sucre.

Gâteau mousseline

- 3 œufs
- 125 g de sucre
- 65 g de maïzena

Travaillez les jaunes avec le sucre pendant 10 minutes et ajoutez-y, cuillère par cuillère, la maïzena en tournant encore 10 minutes. Incorporez au mélange, très délicatement, les 3 blancs battus en neige très ferme. Versez dans un moule généreusement beurré et saupoudré de sucre, cuisez à four chaud 45 minutes.

Aunt Jacqueline's fritters

- 250g flour
- 250g sugar
- 250ml milk
- 250ml cider
- 500g apples
- 1 measure of calvados

In a terrine mix the flour, 200g sugar, and a pinch of salt. Make a well and progressively pour in the cider and the milk, alternating between the two. Cover and leave to rest for an hour. In the meantime, peel and core the apples and cut them into rounds then soak them in the calvados mixed with 50g sugar. Coat the apple with the mixture then deep fry in very hot oil.

Drain, sprinkle with sugar and serve warm.

Mousseline cake

- 3 eggs
- 125g sugar
- 65g cornflour

Beat the egg yolks and the sugar for 10 minutes then add the cornflour spoonful by spoonful, stirring for another 10 minutes. Whisk the egg whites to a stiff foam and carefully fold into the mixture.

Pour the mixture into a generously buttered cake tin, sprinkle with sugar and bake in a hot oven for about 45 minutes.

Teurgoule

- 1,5 l de lait
- 120 g de riz
- 150 g de sucre
- 1 pincée de sel
- ½ gousse de vanille
- 2 cuil. à café de cannelle

Faites bouillir le lait frais avec le sel et la demi-gousse de vanille. Lavez le riz, faites-le crever : pour cela, couvrez juste d'eau, mettez sur le feu ; quand l'eau est absorbée (au bout de 3 minutes environ), le riz est prêt. Versez le lait, chaud mais pas bouillant, sur le riz, ajoutez le sucre, commencez l'ébullition à feu doux. Transvasez alors dans une terrine, saupoudrez de cannelle, mélangez bien, fermez votre terrine et enfournez à four chaud pour 15 minutes, puis à four doux, porte entr'ouverte, pour 3 heures.

Norman rice or "Teurgoule"

- 1½ litres milk
- 120g rice
- 150g sugar
- a pinch of salt
- ½ a vanilla pod
- 2tsp cinnamon

Boil the milk with the salt and the vanilla pod.
Rinse the rice and boil it until the grains split. To do that cover the rice with water and heat it. The rice is ready when all the water has been absorbed (after about 3 minutes).
Pour the warm but not boiling milk over the rice, add the sugar and start to bring to the boil over a gentle heat. Decant the rice into a terrine, sprinkle with cinnamon, mix well, cover and bake for 15 minutes in a hot oven, then lower the temperature and bake for 3 hours with the oven door ajar.

Délice normand

- 1 kg de pommes reinettes
- 450 g de sucre
- 2 citrons
- 2 feuilles de gélatine

Une construction savante et spectaculaire

Faites ramollir les feuilles de gélatine dans un peu d'eau. Pelez les pommes, coupez les 3 premières en bâtonnets qui garniront le tour du moule à manqué que vous utiliserez, la suivante en tranches épaisses, le reste en rondelles minces.

Râpez le zeste des citrons et recueillez le jus de l'un d'entre eux. Avec le sucre et un demi-verre d'eau, préparez un sirop que vous laisserez cuire à feu doux jusqu'à ce qu'il épaississe et se colore légèrement. Jetez-y les morceaux de pommes, les zestes des citrons et les feuilles de gélatine ramollies et essorées. Faites cuire, sans couvercle, à feu très doux pendant 40 minutes environ. Ajoutez alors le jus de citron. Versez un peu de sirop sur le fond et les bords du moule. Prenez délicatement, avec une fourchette, les bâtonnets de pomme que vous dresserez debout côte à côte tout autour du moule. Mettez, au fond du moule, les tranches épaisses, puis achevez de remplir avec le reste des pommes et du sirop.

Mettez au frais. Au moment de servir, trempez quelques instants le moule dans de l'eau chaude pour démouler et retournez-le sur le plat de service.

Norman delight

- 1kg apples
- 450g sugar
- 2 lemons
- 2 sheets of gelatine

Soften the gelatine sheets in a little water and drain well. Peel the apples, cut 3 of them into batons to garnish the edge of the sandwich tin, 1 into thick slices, and the rest into thin rounds.

Grate the lemon zest and reserve the juice from 1 lemon. Mix the sugar and ½ a glass of water and heat gently to form a syrup. Remove from the heat when the syrup starts to thicken and colour slightly. Add the apple pieces, the lemon zest and the gelatine. Cook uncovered over a very gentle heat for about 40 minutes, then add the lemon juice. Pour a little syrup over the base and the sides of the tin. Then, with a fork, delicately arrange the apple batons side by side all around the tin. Place the thick apple slices at the base of the tin then fill up the tin with the rest of the apple and the syrup and chill. Just before serving soak the tin in warm water for a few seconds and turn the tin over to transfer the contents to a serving dish.

A skilful and spectacular construction

Recipe Index

Contents

Maquette : Nathalie Duffond-Boursin et Lucile Redon

Achevé d'imprimer par Corlet, Imprimeur, S.A. - 14110 Condé-sur-Noireau
N° d'Imprimeur : 129188 - Dépôt légal : juin 2010 - Imprimé en France